偽りの神々

かなわない夢と唯一の希望

Counterfeit Gods

The Empty Promises of Money, Sex, and Power, and the Only Hope that Matters

Timothy Keller
ティモシー・ケラー
廣橋麻子[訳]

いのちのことば社

COUNTERFEIT GODS: The Empty Promises of Money, Sex, and Power, and the Only Hope that Matters
by Timothy Keller

Japanese translation published by arrangement with Timothy Keller c/o McCormick & Williams through The English Agency (Japan) Ltd.

偽りを見抜ける息子たち――

デービッド、マイケル、そしてジョナサンへ

目次

装丁　梶ヶ谷護

序章　偶像工場

この世には、現実よりも多くの偶像が存在する。

――フリードリッヒ・ニーチェ（『偶像のたそがれ』より）

奇妙な憂鬱

二〇〇八年半ばに始まった世界的な経済危機以後、かつて富豪だった有力者が自殺するという悲劇的な現象が立て続けに起こりました。まず米連邦住宅貸付抵当公社（フレディマック）最高財務責任者（当時代行）が自宅の地下室で首を吊り、米大手不動産会社シェルドン・グッド&カンパニーのCEO（最高経営責任者）が自身の所有する赤いジャガーの車内で拳銃自殺しました。ヨーロッパの王室や名家の財産管理をしていたフランス人金融マネージャーは、バーナード・マドフのねずみ講事件（訳注・アメリカの実業家による史上最大級の巨額詐欺事件として知られる）で総額十四億ドルの損失を被り、マディソン・アベニューのオフィスで手首を切って死亡。HSBC社のデンマーク人シニアエグゼクティブはロンドン、ナイツブリッジの一泊五百ポンドのスイートルームで首を吊っているのが発見されました。そして自社経営難のためJPモルガン・チェースに買収された際、米大手証券会社ベアー・スターンズのエグゼクティブの一人がドラッグを過量服用後、オフィスビルの二十九階から飛び降り自殺しました。彼を知る友人は「このベアー・スターンズの一件で……彼はとどめをさされたんだ」[1]と語っています。こういった事件はぞっとするほど一九二九年の大恐慌直後の自殺者急増を思い起こさせます。

一八三〇年代に書かれた、かの有名な『アメリカの民衆政治』に、アレクシ・ド・トクヴィルはこう記しました。「奇妙な憂鬱に民衆は憑かれているかのようだ。(中略) 有り余るほどの豊かさのまっただ中で」[2]。幸せを必死に追い求めるこの思いは成功することで満たされるとアメリカ人は信じているが、そんな希望は幻想でしかない、なぜなら、「この世の中の不完全な喜びが(人間の) 心を満たす事など決してない」[3]からだ、とトクヴィルは言い添えました。この奇妙な憂鬱は様々な現れ方をしますが、しかしどれも探し求めたものは見つからないといった常に同じような絶望感をもたらします。

悲しみと絶望には違いがあります。悲しみは痛みであり、その痛みには様々な慰めが考えられます。悲しみは多くの中から、一つのよいものが失われたときに来る痛みです。例えば、今までとは全く違う職種への転職を、家族の励ましを受けながら乗り越えて行くというようなものと言えるでしょう。しかし絶望は、それに沿う慰めが見つかりません。絶望とは究極的なものを失う経験から来るからです。究極的な存在意義や希望を見失うと、ほかに向かうべきところは何もありません。そうなると、まさしくあなたの心はとどめを刺されるのです。

たとえ好景気に沸く時代においてさえ、あるいは景気が落ち込んでまっさきに絶望として現れる、この現代社会にしのびよる「奇妙な憂鬱」は、いったいどこから来るのでしょうか。トクヴィルは、それが「この世の中の不完全な喜び」から何かを得ようとすることから、そしてそれを土台として人生設計をすることから来ると言うのです。それは、まさしく、偶像とは何かを言い表しています。

偶像だらけの文化

現代人には、「偶像」という言葉そのものがまるで呪文のように聞こえ、まつりあげられた像にひれ伏すような、未開の地の部族の群れを思い起こさせるかもしれません。新約聖書の使徒の働きには、古代ギリシャ・ローマ文化の影響を色濃く受けた文化の描写が鮮やかに記されています。どの町もそれぞれがお気に入りの神々を神殿にまつりあげ礼拝していました。パウロがアテネに赴いた際、町が文字どおりこのような様々な偶像であふれているのを目にしました（使徒17・

6)。アテネのパルテノン神殿には見劣りがするものの、あらゆる公共の場所に、美の神アフロディテ、戦争の神アレス、豊穣の神アルテミス、炎と鍛冶の神ヘーパイストスなどの偶像が建てられていました。

考えようによっては、現代社会も根本的には似たようなものかもしれません。どの文化もまるでそれぞれの偶像に支配されているかのようです。どれも「祭司」制度を持ち、その象徴である像や儀式を持っています。オフィスタワーやスパ、ジム、スタジオ、スタジアムなどにとってかわった一種の「神殿」で、豊かな人生を手に入れ、人生の災難に対する厄払いのための奉納物がささげられています。美しい容姿、権力、経済力、成功と簡単には言えなくても、それと同じくらい、個人の生活や私たちの社会にどことなく刷り込まれた神話や偶像は何でしょうか。アフロディテ像の前に文字どおりひれ伏すことはないでしょうが、自分の身体に対する異常なまでの思い込みから摂食障害や鬱に苦しむ若い女性たちが多くいるのは現実です。またアルテミス像の前で香を焚いたりはしませんが、お金やキャリアへの魅力が膨大になるにつれ、私たちは家族や地域のつながりよりも、もっと豊かな暮らし、高い地位を求めるようになります。それはまるで子どもをいけにえとする一種の儀式のようだとも言えます。

ニューヨーク知事エリオット・スピッツァーが高級売春クラブを利用してその地位から失墜した後、デービッド・ブルックス（訳注・カナダ出身ジャーナリスト。ニューヨークタイムズ紙のコラムニスト）はアメリカ文化がいかに「地位と中身が不釣り合い」な社会的成功者層をつくりあげたかを述べています。そういった成功者は昇進のため上司やメンターとのタテの関係における外向きのやりとりには非常に長けているものの、伴侶や子ども、家族などに対するヨコの関係においてはどれも本当の絆を築けていないというのです。「数えきれないほどの大統領立候補者が家族のために立候補したと言います。生活の大半が選挙キャンペーンに明け暮れてその家族と離ればなれにならざるをえないというのに」。数年もたつとその「華やかな生活にも満足できず孤独感を募らせる」という直視したくない事実をつきつけられます。[4]子どもたちや伴侶からも孤立し傷を癒そうとします。結果、不倫に至るか、心に空いた穴を埋めるような何かを必死で探すようになります。こうなると家族の崩壊かスキャンダル発覚、あるいはその両方が起きるのもそう遠くはありません。

　彼らが陥ったのは成功の神にすべてをささげるという罠でした。しかし、それだけではすみません。古代文化における神々は血に飢えて、その欲求を鎮めるのは並大抵ではありませんでした。そしてそれは今も変わりません。

心の偶像

こういった人間の傾向を指摘するのは、近年の、特にここ二十年の間に起こったインターネット文化の普及や土地資産バブル景気の期間には難しかったかもしれません。しかし、二〇〇八年から二〇〇九年にかけての劇的な経済不況は、今言われている「欲の文化」の姿をあらわにしたのではないでしょうか。その昔、使徒パウロは、欲深さは悪い行動のみならず「偶像礼拝」だと書きました（コロサイ3・5）。金銭は、神のような性質を身につけ、私たちのそれに対する態度は崇拝と服従にきわめて近いものに変わっていくのだと示したのです。

金銭は、他の依存症と同じように、患者に本来の姿を現さずに、その心をとりこにします。どんどん先細りしていく満足感を得ようと、さらに大きなリスクを冒し続けます。ついに崩壊が訪れるまでです。回復期に入ると、過去を振り返り「いったい自分は何を考えていたんだ？　こんなに危険なことになぜ今まで気がつかなかったんだ」と自問するでしょう。まるで、飲み過ぎた次の日に二日酔いの頭を抱えながら前夜のことが全く思い出せない人のようです。なぜでしょうか。なぜ私たちは、そのような理性のない行動を起こしてしまうのでしょうか。正しいことが全く見えなくなってしまうのは、どうしてでしょうか。

聖書によると、「人の心は偶像工場」[5]だからです。
「偶像」と聞いて私たちの頭に浮かぶのは、文字どおりつくられた像か、あるいはサイモン・コーウェル（訳注・イギリス出身の音楽プロデューサー。「ポップアイドル」「アメリカンアイドル」などのスター輩出オーディション番組の審査員として知られる）によって認められた次世代ポップアイドルかもしれません。世界中のあちこちで昔ながらの偶像礼拝が行われている一方、それぞれの心の中で行われる内的偶像礼拝も珍しくありません。エゼキエル書14・3には、神がイスラエルの長老たちについて「これらの者たちは、自分たちの偶像を心の中に秘め」ていると言っている箇所があります。きっと私たちがするように、長老たちはこう反論したことでしょう。「偶像？　何の偶像ですか。偶像なんて見えないですけど」。神が言っているのはこうです。人の心は、成功したキャリア、愛、物質的な豊かさ、あるいは家族といった、それだけ見れば良いものさえ究極的な対象としてしまえる、ということです。私たちの心の中心にそういったものが神のように居座っているのは、ひとえに私たちがそこに向かってひたすら努力すれば人生の意義、安心、安全、達成感が得られると考えるからです。[6]
『ロード・オブ・ザ・リング』の中心的なテーマに重要な役割を果たす、闇の冥王サウロンの力を秘めた指輪は、たとえ良い目的のために使おうとしても、その力を用いようとする者すべてを破滅させるものでした。トム・シッピー教授（訳注・イギリス出身のトールキン文学研究者）に言わせれば、それは人のうちにある純粋な思いを、偶像化した欲望にふくれあがらせる「心の拡大鏡」のようなものでした。[7] 何人かの登場人物は、奴隷の解放、国を守る、悪にさばきを下すなどの良い行いをしようとします。どれも良い目的です。しかし指輪はそれらの目的をどんなことをしてでも達成させようとするのです。それは本来の目的を絶対的なものとしてしまい、そのほかの忠誠心や価値観などをひっくりかえしてしまうのです。指輪を手に入れた者は次第にその奴隷となり、依存していきます。そもそも偶像とは、人にとってそれなしでは生きてはいけないものだからです。どうしても手に入れなければならない、そういう思いがかつて自ら大切にしていたルールを破らせ、他者を傷つけ、自分さえも犠牲にし、ひたすらその目的に駆り立たせるのです。偶像礼拝は、人を恐ろしい悪へと誘う霊的な依存症であり、それはトールキンの作品においても、現実においても変わりません。

どんなものでも偶像になりうる

現在私たちが生きている文化の中にあっても、同じような現象が起こりえます。聖書が警鐘をならす、金銭がそれ以上の存在になりうることに、現代の私たちの多くは納得できるのではないでしょうか。それは、人生を台無しにするほどの強引さと影響力を持つ神となり、それを礼拝する者の心を砕きます。しかも悪いことに私たちはあまりにも「欲の文化」の問題だけにとらわれてしまっているので、それは「あの辺にいる、あの大金持ちの人たち」だけのことだと考え、最も根本的な真実に気づかないのです。つまりどんなものでも偶像になりうるし、実はすべてが偶像だったということを、です。

世界中で最も有名な倫理基準と言えばモーセの十戒でしょう。第一戒は「わたしは……あなたの神、主である。あなたには、わたしのほかに、ほかの神々があってはならない」(出エジプト20・2〜3)です。これに対する自然な疑問はこうです。「『ほかの神々』とは誰のこと?」答えはすぐに見つかります。「あなたは、自分のために、偶像を造ってはならない。上の天にあるものでも、下の地にあるものでも、地の下の水の中にあるものでも、どんな形をも造ってはならない。それらを拝んではならない。それらに仕えてはならない。……」(出エジプト20・4〜5)つまり、それは世界中にあるすべてのものが含まれるのです。お金やセックスに依存するとそれが私たちにとって神のようになるのは想像に難くないでしょうが、実は人生においてどんなものも、神の代替としての偶像、つまり偽りの神になりうるのです。

最近聞いたある陸軍司令官の話ですが、彼は肉体の限界まで部隊にプレッシャーを与え、軍規にも忠実であろうと努めるあまり、その命令は限度を超え、部隊の士気は下がりました。その結果まさに戦闘の最中に命令系統が乱れ、多数の死者を出したというのです。また、貧しさに喘ぐ幼少期を経験した女性の話も聞きました。彼女は成人し、結婚相手にまず経済的安定を求め、あるいはもっと豊かな結婚関係に発展したかもしれない相手には見向きもせず、金はあるものの愛のない結婚へと向かいました。当然結婚の破綻はすぐに訪れ、彼女が最も恐れていた経済的な不安と葛藤の中に放り出されました。また、メジャーリーグの選手が、そこそこの成績で満足できず、殿堂入りをめざすうちにステロイドやドラッグに走り、身体だけでなくその評判さえも失墜させることがあります。「なかなかいい選手」よりも「まれに見る偉大な選手」レベルを求めすぎたゆえにです。やっと手に入れたと思ったすべての幸せの土台は、指の隙間から砂のようにこぼれていきました。良いと思われたその土台に問題があったからでした。どのケースも、良いと思われた土台がいつしか究極的なものへと変貌し、それに対抗できるすべての価値観をしのぐものになってしまったのです。[8] しかし、偽りの神々がもたらすのは、いつどんなときでも失望です。しかもそれは破壊的にもたらされるのです。

　部隊に規律を、人生において経済的な安定を、あるいはアスリートとしての栄光を求めるのは間違っているでしょうか。そんなことはありません。しかし、以上のようなケースは、聖書で言う偶像について人々が想像しがちな思い込みを指摘しています。確かに偶像にのめり込みすぎるのは良くないかもしれませんが、大抵の場合むしろそれとは全く違うケースが見られます。つまり、良いことを追い求めさえすれば、それが私たちの心の深いニーズや希望を満たしてくれると期待するケースです。どんなものでも、私たちにとって偽りの神となりうるし、それは特に人生の中でも最も良いものの一つであることさえあるのです。

神をつくる方法

それではいったい偶像とは何でしょうか。それは、あなたが神よりも重要だと見なすもの、あなたの心と思いのすべてを吸収するもの、そして、あなたが神からしか得られないものをそこから得ようとする、すべてのものを指します。[9]

偽りの神とは、あなたの人生の根幹を構成するもので、それを失おうものなら、生きる価値さえ見出せない、と思われるようなものです。それはあなたの心を支配できる立ち位置にいるので、あなたの情熱、エネルギー、感情、経済力などを、何のためらいもなく注ぎ込ませることができます。それには、家族や子ども、仕事やビジネスの成功、人からの賞賛、あるいは面子（メンツ）を保つことや社会的地位を維持することも含まれるでしょう。また、恋愛関係、仲間との絆、競争社会を生き残ることやそのためのスキル、安心感や居心地のよさ、容姿端麗で頭脳明晰であること、壮大な政治的社会的ビジョン、倫理観、価値観に加え、クリスチャンにとっての宣教活動さえ偶像になりうるのです。誰かの人生を助ける、あるいは変えることがあなたにとって大きな意味があるなら、時にそれは心理学的に「共依存」と呼ばれますが、実はそれも「偶像礼拝」です。偶像とは、それを見たあなたに「これさえ手に入れれば、人生に意味を見出すことができる。私には、生きる価値がある、生きていていいんだ、生きていて良かった」と心底思わせる何かなのです。そういう関係性を表すものはいくつもあるでしょうが、一番的確なのは「礼拝する」という言葉ではないでしょうか。

昔から多神教徒たちは文字どおりすべてのものが神々だとし、それは単なる想像上の存在だけでなく目に見える形で表現されました。性の神々、仕事の神々、戦争の神々、金銭の神々、国の神々、それらはつまり、人の心や、人々の人生に神格をもって礼拝され仕えられるものはどんなものでも神になる、という単純な事実から成り立っていました。例えば、容姿の美しさは悪ではありませんが、もしそれを「神格化」し、一人の人生、あるいは文化において最も重要なものとしたらどうでしょうか。それはもはや、美にとどまらず、美の神アフロディテとして君臨しだすのです。そこにいる人々、すべての文化が常に容姿について葛藤し、過度のお金と時間をかけて得たその外見の美しさによって人格をはかるといった馬鹿げた行動をとるのです。もし、人生における幸せ、意義、アイデンティティーの土台を、神以外の何かに見出すなら、それはもう偶像なのです。

聖書に見られる偶像礼拝のとらえ方は非常に洗練されています。知的、心理的、社会的、文化的、霊的などの面から総合的にとらえているからです。ロマンチックな恋愛関係や温かい家族との絆、金銭、権力、達成感を追い求める欲求、あるいは特殊な社会層に地位を得ること、他者から信頼を置かれること、健康や容姿の美しさを維持すること、これらはすべて個人的な偶像と言えます。神によってしか得られない生きるための希望、意味、喜びをそこから求めようとするからです。

　また、文化的な偶像も存在します。軍事力、進歩したテクノロジー、繁栄した経済力などです。伝統的な社会では家族、仕事熱心であること、義務、道徳やモラルが、また反対に個人主義が台頭した欧米文化では自己発見、自己実現などが偶像です。これら本来は良い目的が、実は社会においては不釣り合いな大きさと力を帯びるようになります。そういったものが私たちに安全で平和で幸せな社会を約束するのは、まず私たちがその価値観を土台にして生きることを条件とするからです。

　また、よく「イデオロギー」と呼ばれる、知的な偶像もあります。例えば十九世紀終わりから二十世紀初頭にかけて、もともと人間は善で、社会の問題はすべて教育の足りなさから来るというルソーの考えに大きく影響を受けたヨーロッパの知的文化人たちがいました。しかし第二次世界大戦がこの幻想を打ち砕きました。イギリスの近代社会保障制度運動の草分けとも言えるビアトリス・ウェッブはこう書いています。

確か一八九〇年頃私は日記にこう記しています。「私は人の持つ善と呼ばれるものすべてに賭けた」。〔それから三十五年経った今、気がつきました〕。人の中にある本能的で衝動的な悪がいかに変わらないか。例えば富と権力に誘惑された悪を、〔社会的な〕構造の変革によって変えようとする試みがいかに、はかないか。あらゆる知識、科学も、結局全く役に立たないのです。人の根本的な悪への衝動を曲げられない限りは。[10]

一九二〇年、H・G・ウェルズは著書『世界史大系』の中で人類の発展を賞賛したものの、一九三三年『世界はこうなる』でヨーロッパ諸国の自己中心性と暴力を指摘して読者を驚かせました。ウェルズは、人類に対する唯一の希望は、知的文化人たちがまず先頭に立って平和と正義と平等をうたった義務教育を浸透させることだと信じていました。しかし一九四五年『行き詰まった精神』で「喜んでホモ・サピエンス（訳注・ラテン語で知恵のある人の意）と自称していた人類はついにその終焉を迎えた」と書いています。ウェルズやウェッブに何が起こったのでしょうか。彼らは、部分的な真理だけを取り上げてさもそれがすべてを包括する真理かのように取り扱っていたのです。まるで、すべてが説明され、改善されうるかのように。しかし、人間の善の「すべてに懸ける」とは、まさしくそれを神として位置づけたと言ってもおかしくありません。

また、どのような職業においても、妥協できない絶対的な価値として偶像が存在します。ビジネスの世界では、究極的な価値、つまり利益のために個人的な表現は抑圧されます。しかしアートの世界ではその逆です。自己表現のためならすべてが犠牲になってもおかしくない世界です。しかもそれはいつか必ず認められる、という究極的な価値のもとになされるのです。これらが、人類に何よりも必要なものだと考えられてきたのです。偶像、それはどこにでも存在するのです。

愛し、信頼し、従う

聖書には、人が心に偶像を持つようになるプロセスを表現する三つの基本的なメタファー（比喩）が示されています。人が偶像を愛するようになること、信頼するようになること、そして従うようになることです。[11]

聖書はまた時に結婚をたとえとして偶像を説明します。神が私たちの本当の伴侶だとして、私たちが神よりもほかの者をほしがり、喜ぶようになるとき、それは霊的な不倫と呼ばれるのです。[12]ロマンチックな恋愛や成功は「偽りの恋人」となって私たちがいかにも愛され大切にされているように感じさせます。私たちの心をつかみ離さない偶像を見つけるには、私たちが普段どんなものに思いを馳せているか、私たちの白昼夢の内容を見ればわかります。私たちは、普段どんなことを想像するのが好きでしょうか。お気に入りの夢は何でしょうか。私たちが心をささげる偶像は、そうすることで私たちに愛を、徳を、美しさを、意義を、価値を与えるかのようです。

聖書ではまた、偶像について宗教的なメタファー（比喩）を使うことがあります。神は私たちの本当の救い主なのに、私たちはむしろ自己実現や経済的安定に心の平安や安心を得ようとするのです。[13] 偶像は、私たちがあたかも人生の舵を取っているかのような錯覚を与えます。その偶像の存在は、私たちが見る悪夢からも見つけることができるでしょう。私たちは何を一番恐れているでしょうか。万が一、それを失うことがあるとすれば、生きる価値が失われるほどのものです。だから、これさえあれば安心と思える自分がまつりあげた神をなだめようと「犠牲」をささげようとするのです。この偶像を見上げるとき、私たちは自信と安心を得ようとしているのです。

聖書はまた、政治的なメタファー（比喩）を使っても偶像を表します。神は私たちの主であり支配者であるのに、私たちが愛するもの、信頼をおくものであれば簡単にそちらに仕えるのです。それらに神よりも重要で揺るぎない位置を与えるなら、それはもうすでにその偶像の虜になっている証拠です。[14] このようなパラダイムの中で偶像を見つけるには、自分自身のかたくなな感情に目を向けることが大切です。私たちに抑えられないような激しい怒り、不安、落胆を起こさせるものは何でしょうか。振り払っても、振り払ってもなくならない罪悪感で苦しめるものは何でしょうか。偶像は、私たちを支配します。それがなくては生きていけない、生きる意味が見出せないようか。

い、と思わせるからです。

　私たちを支配するもの、それが君主とよばれるものだ。権力欲によって支配される。受容を求めるものは、受け入れられたいと思う相手に支配される。私たちは自分自身を支配していない。私たちの人生の君主によって支配されているのだ。

　広く「精神的な問題」と呼ばれるものが、単に偶像礼拝からきていることがあります。完璧主義、仕事中毒、慢性の優柔不断、他人の人生を思い通りにしたいという傾向、そういったすべてが本来良い目的として始まったものなのに、いつの間にかそれらが偶像になり、私たちはそれをなだめようとするのです。偶像とは、結局人生のすべてを支配するものなのです。

魔法が解ける

　前述したように、悲しみと絶望には大きな違いがあります。絶望は耐えられないほどの悲しみと言えるでしょう。ほとんどの場合、その二つの違いは偶像礼拝にあります。ある韓国人の投資家が三億七千万ドルの損害を出して自殺しました。「韓国株式市場の市場指標が一千を切ったとき、彼は食べられなくなり、数日間で飲酒量が増え、ついには自ら命を絶ってしまった」と妻は警察に話しました。[16] 二〇〇八年から二〇〇九年にかけての経済不況のまっただ中で、その三年前にクリスチャンになったビルという男性からこんな話を聞きました。彼の究極的な安心感の土台が、経済的安定から神へと変化したというのです。[17]「この経済崩壊が三年より前に起こっていたら、自分がその状況にどう直面できたか、いや、ちゃんと生きていけたかどうかさえわからない。今現在、正直に言えるのは、こんなに幸せだったことは、今までの人生の中でなかった、ということだけだ」

私たちは、この安全な世界で、偶像に囲まれながら、現代の光り輝くその神々に心の信頼をよせて何とか生きていると考えています。しかし世界的な経済崩壊の中で、長年私たちが偶像として信頼してきたものもあちこちで音を立てて崩れ始めています。しかし、これはある意味すばらしいチャンスです。一言で言えば「魔法が解ける」のを経験しているようなものです。おとぎ話の世界で言えば、悪の魔術師の呪いが解けて、逃げるチャンスができたということです。世界屈指の大企業や、研究業績、あるいは偉人といった、私たちが希望を託し、将来を約束されていた（と私たちが考えていただけですが）ものの崩壊の中で、私たち一人一人の前にその逃げ道が開かれるときが来ます。逆に言えば、その道は社会全体に開かれることは滅多にありません。

絶望から抜け出し、前へと進む道は、私たちの心、文化に潜む偶像を見分けることから始まります。そしてそれだけでは十分ではありません。偽りの神々の破壊的な影響から逃れられる唯一の道は、本当の神に立ち戻る道です。今まさに生きている神、シナイ山のモーセと十字架のイエスの双方に現れた唯一の支配者は、あなたが見つけさえすれば本当の意味であなたを満たすことができるのです。そして、たとえあなたが失敗したとしても、あなたを赦すことができる神なのです。

偽りの神々

第1章　あなたがほしいものすべて

考えうる最悪の事態

世の中のほとんどの人が、心に何か夢を持ち、それを叶えたいと願っていることでしょう。「幸福の追求」こそ、結局人生のすべてではないでしょうか。欲しいものを得ようとひたすら追い求め続け、そのためなら多少の犠牲もいとわない。しかし私たちがここで夢にも思わないようなことは、心の奥深くに横たわる私たちの願いが、逆に私たちにとって最悪の状況を生み出すかもしれないということです。

私たち夫婦は、以前アンナという女性と知り合いました。彼女は子どもが欲しいと切実に願っていました。晩婚だった彼女は、主治医の予想に反して、二人の健康な子どもたちを授かりました。しかし、アンナの本当の夢は叶わなかったのです。子どもが欲しい、という願いがあまりにも強すぎた彼女は、いざ目の前に子どもが与えられたとき、逆に子どもたちに完璧な環境を整えてあげられないという現実に直面し、子育て自体を楽しむことができなくなってしまったのです。過保護、恐れ、不安、そして子どもの生活すべてにおいてコントロールしたいという彼女の欲求は家庭生活全体に暗い影を落としました。上の子の学校の成績は上がらず、深刻な精神的問題の兆候が見え始めていました。下の子はつねにイライラしていました。子どもたちに最高の生活を与えたいという彼女の本来の願いは、実際には子どもたちの生活を蝕んでいました。彼女の心からの願いは、人生最悪の結果を生み出しかねませんでした。

一九八〇年代後半、シンシア・ハイメル（訳注・アメリカの女性コラムニスト、作家。プレイボーイ誌に長く辛口コラムを書いていた）がこう書いています。「人がセレブになった瞬間は、そいつがモンスターになった瞬間ってこと」。そして、有名になる前から知っているハリウッドスター三人の名前を挙げこう言っています。彼らは「昔はいっしょにいても、本当に楽しくすばらしい人たちだった。（中略）なのに、今の彼らときたら芸能界の頂点にまつりあげられちゃって、彼らが爆発させる怒りと来たらただもんじゃない」。彼女は続けて、芸能界での名誉を保つためのプレッシャーが、もともと彼らのうちにあった弱さや欠点を倍増させたと言います。[18] 彼女が指摘したスターたちの名前が気になるでしょうが、知る必要はありません。今やそういった大物芸能人の似たような生活パターンが繰り返しタブロイド紙の一面を毎日のように飾っているからです。人は変われど、パターンは昔も今も変わらないのです。

偶像の必然性

それではなぜ、心からの願いがそんなにも簡単に惨事を招くのでしょうか。ローマ人への手紙で使徒パウロは、神が人に与えうる最悪の事態は「彼らをその心の欲望のままに汚れに引き渡すことだと書いています（ローマ1・24）。自分の心からの夢や願いを叶えさせることが、いったいなぜ究極の刑罰などと考えられるでしょうか。それはひとえに、私たちの心がその夢や願いを偶像に仕立て上げるからにほかなりません。同じ章でパウロは、人類の歴史を一言でこう表しています。「それは、彼らが神の真理を偽りと取り代え、造り主の代わりに造られた物を拝み、これに仕えたからです」（ローマ1・25）。人は誰でも何かのために生きています。私たちの想像力をはばたかせ、人生の土台を築き、それに向かって忠実に、希望をおいて生きるような何かです。しかし、聖書は言います。聖霊の仲介がなければ、その何かが神になることは決してないと。それなのに私たちは、その何か良いものに身をささげる、つまり礼拝行為に走るのです。

例えば何かほかのあるものに、実は神だけしか与えることのできない私たちの生きる意味、希望、幸福を見出すとしましょう。当然、見出そうとしたものは得られず、私たちはうちひしがれるでしょう。前述の子育て自体にのめり込みすぎたアンナという女性も、「子どもをただひたすら愛していた」というわけではなく、実は子どもとの関係において、神を愛することを忘れがちなだけでした。結果、彼女の子どもという偶像は、彼女自身の大きな期待といった重圧に耐えきれずに崩壊したのです。

聖書に詳しい二人のユダヤ人哲学者がこう書いています。「聖書の中心は偶像崇拝の拒絶とも言える」[19]。だから聖書は、偶像礼拝の破壊的影響を数えきれないほどの例を挙げて表しています。人の心が選ぶ偽りの神、それが愛、金銭、成功、権力のどれであっても、そういった一つ一つの偶像礼拝の形が、私たちの人生にどう影響を与えるかを聖書は力強く説明しているのです。

聖書中でよく知られる人物の一人、アブラハムはその時代に生きた者として、当然、跡継ぎの息子を切望しました。彼の場合、それが心からの深い願いになり、ついに、ほとんど絶望的とも思える状況の中で、やっとその息子が生まれました。今までずっと願い続けていたものをやっと手に入れたのです。そして、神はそんな彼に何と息子を手放すようにと命じたのです。

アブラハムへの呼びかけ

聖書によると、神はアブラハムのところに来て驚くべき約束をしたとあります。もし神に忠実に従うなら、この世界を彼とその子孫を通して祝福するというのです。それが実現するためには、しかし、アブラハムはその地を離れなければなりませんでした。「あなたは、あなたの生まれ故郷、あなたの父の家を出て、わたしが示す地へ行きなさい」（創世12・1〜3）。神はアブラハムを呼び、すべて慣れ親しんだものをあとにするようにと言ったのです。友人、親類縁者のほとんど、そして彼が安心、繁栄、平安と信じていたものすべてです。さらに、どこが目的地なのかも定かでない、荒野の旅への招きでした。人が考えうるすべての希望、願いを、神のためにあきらめるようにと言われたのでした。

そしてアブラハムはそうしました。「離れていく」ようにと呼びかけられ、そして「どこに行くかを知らないで」（ヘブル11・8）出て行ったのでした。

しかし、その神の呼びかけは、アブラハムの今までの希望や願いをあきらめさせるだけでなく、新たな希望を与えるものでした。世界中が彼の家系つまり「子孫」（創世12・7）によって祝福されるという約束です。それは同時に、彼に子どもがなければいけないということを意味しました。アブラハムの妻、サラは不妊でした。医学的に言って、サラが妊娠することは不可能でした。それでも神はアブラハムに息子を約束しました。

数年、数十年経つうちに、神の聖なる約束はしだいに信じ続けることが難しくなってきていましたが、アブラハムが百歳、サラが九十歳を超えて（創世17・17、21・5）やっと、サラは一人の男の子を産みました。イサクです。これは神の介在なしにはありえないことでした。現にイサクという名は「笑い」を意味しています。両親の喜びのほほえみと、また、この年になっても神の約束が本当に果たされるのかという苦笑との双方を表していました。

その約束が果たされるまでの、葛藤し待ち続けた彼らの人生は、不妊で長く悩むどの夫婦も通るような苦しいものでした。ほとんど永遠かと思われたその期間にアブラハムの信仰は練られ、子どもが与えられないその事実が彼にある影響を与えました。彼ほど息子を待ち望んだ人はいなかったでしょう。このために、すべてを投げ打ったほどです。ついに息子が生まれたとき、きっとこう感じたことでしょう。私が神の約束のためにすべてを捨てた愚か者ではなかったことを、これでやっとみんなにわかってもらえる、と。ついに跡継ぎの息子が、彼の血を引いた、彼に似た、当時の中東社会の家長なら誰もが望む子が手に入ったのです。待ち続け、多くを犠牲にし、ついに彼の妻は男の子をもうけたのです！

しかしここで一つ気になるのは、アブラハムが待っていたのは実際には何だったのか、ということです。果たしてそれは、神のため、それとも、息子のための、忍耐であり犠牲だったのでしょうか。彼の究極の目的は神のためだったのでしょうか。アブラハムは誰に全身全霊を注いでいたのでしょうか。彼は、置かれている状況、周囲の評判、あるいは自分の能力や適性といったものに惑わされず、神を信じきった者が得られるような安心、謙遜、勇気、そしてゆるがない一貫性というものを備えていたのでしょうか。つまり、彼はただ神のみを信頼することを、神が彼に何かを与えてくれるからではなく、ただ神が神であるがゆえに神を愛することを、学んだのでしょうか。いいえ、それはまだだったのです。

アブラハム、再び呼ばれる

私たちの友人、子どもを切望していたアンナは待望の妊娠がわかったとき、「それからみんな幸せにくらしました」というおとぎ話のエンディングを思い出したそうです。しかし、残念なことにそうなりませんでした。そしてそのようなエンディングが訪れることは実際はほとんどありません。子どもを欲しいと思うカップルの多くが、子どもさえ生まれればすべての問題が解決されると思いがちです。実際はその反対なのに、です。創世記12～21章を読むとわかりますが、アブラハムにとってイサクの誕生は人生のクライマックスであり、彼の人生の最終章と言ってもおかしくないほどでした。神の約束のためにすべてを捨てて旅に出た彼に神がようやく約束の息子を与えてくれた、幸せな人生を全うしたと、もう心置きなくいつ死んでもいいと思ったことでしょう。しかし、驚くべきことに、アブラハムは再び神に呼びかけられたのです。そしてそれは、想像を絶する呼びかけでした。

あなたの子、あなたの愛しているひとり子イサクを連れて、モリヤの地に行きなさい。そしてわたしがあなたに示す一つの山の上で、全焼のいけにえとしてイサクをわたしにささげなさい。（創世22・2）

これは全く想定外の究極のテストでした。イサクは今やアブラハムにとってのすべてでした。神の呼びかけがそれを明らかにしました。神は、その子を単に「イサク」と呼ばず、「あなたの子、あなたの愛しているひとり子」と言っています。アブラハムの息子への愛情はその域を超えて崇拝に近いものになっていました。以前は、アブラハムにとって人生は神の言葉により頼むことにこそ意味がありました。しかし今は、イサクへの愛情と、彼の健やかな成長が、アブラハムにとっての拠り所になっていました。神は、息子を愛するな、と言っていたわけではありません。しかし愛するものを偽りの神になり代わらせてはいけないのです。誰でもその子どもを、神の代わりにその王座に就かせるなら、その愛は偶像を愛する愛情へと変わり、愛する子どもの健全な成長を阻み、窒息しそうながんじがらめの親子関係を生み出すことでしょう。

恐るべき命令

過去、多くの読者がこの箇所についてもっともな反論をしてきました。彼らの解釈によると、この話の「モラル」は、つまり神の意思のためならどんなに冷酷で暴力的なことも許される、というものです。これを誰よりもよく説明しているのがセーレン・キルケゴールでしょう。その著書『おそれとおののき』は、このアブラハムとイサクの話が下地になっています。キルケゴールは究極的には信仰は非論理的で不合理だと結論づけます。アブラハムは神の命令が、理にかなっていないし、今までの神の言ったことすべてに反すると考えていたにもかかわらず、その命令に従いました。

この命令はアブラハムにとって本当に非論理的だったのでしょうか。ところでキルケゴールの解釈は、ユダヤ的思考、シンボリズムにおける長子の意味にまで言及していません。ハーバード大学で教えるユダヤ人学者、ジョン・レヴェンソンは『愛された息子の死と復活』という著書で、当時の社会は、現代の私たちの個人主義的なそれと全く異なっていることを指摘しています。人々の希望や夢は、個人的な成功、繁栄、名声に基づいてはいませんでした。というのも、個人はそれぞれ大家族に属し、その家族とは切っても切れない関係であり、希望や夢は、その家族、親類縁者全体のものとして追い求められたからです。また、古代法の中の長男子相続権にも目を留めなければならないでしょう。それは長男が家族のほとんどすべての財産を相続することで、その地での家系が途絶えないようにするためのものです。[20]

現代の個人主義的な文化にあって、一人の人間のアイデンティティーや自己肯定感は、自分の能力や達成した業績によるところが多いのですが、古代社会では、個人とそれをとりまく家族すべての希望や夢は、最初に生まれた男子に託されたのでした。[21] その一人息子を手放すことは、あたかも、外科医が手を、画家が視力を失うようなものでした。

レヴェンソンは、アブラハムへの神の命令を理解するには、その文化的背景を理解しなければならないと言います。聖書は繰り返し同じような事柄を記しています。イスラエルの罪深さゆえに、本来なら通常の犠牲によって贖（あがな）われるはずなのに、自動的に長男（訳注・聖書では初子と呼ばれるが、最初に生まれた男子のこと）をささげなければなりませんでした（出エジプト22・29、34・20）。あるいは天幕で長男の代わりとしてとられたレビ人による礼拝を通して（民数3・40〜41）、また長男の贖いの代金を祭司たちに支払うこと（民数3・46〜48）も同じことでした（訳注・人間の初子は直接犠牲としてささげられるのでなく、贖い金やきよい獣がかわりにささげられた）。イスラエルの民を奴隷化していたエジプトに神が罰を下したとき、その究極的な罰はエジプト人の長男のいのちを奪うことでした。長男のいのちが没収されるのは、ひとえにその家族、国が罪を犯したからでした。なぜでしょうか。それは長男が、その家族そのものを代表していたからです。神がそのような時代文化背景の中でイスラエル人にその長男のいのちは神のものだ（その子のための贖いの代金が支払われない限り）とするのは、この地上にあるどの家族も永遠に正義に対する負債、つまり罪による負債を負っているということを、鮮明に表現しているのです。

以上のような状況下での神のアブラハムに対する命令は、決定的なものでした。もしアブラハムが、「起きよ、そしてサラを殺せ」という神の声らしきものを聞いたとしたら、たぶん彼は決して従わなかったでしょう。正しく自己分析し、神が正義や公正について今まで言ってきたすべてに対して明確に矛盾していることだと判断し、自分は幻聴を聞いたのだろうと結論づけたことでしょう。しかし、神がアブラハムのひとり子のいのちをささげるよう命じたとき、彼にとってそれは、非論理的でも、矛盾した命令でもなかったのでした。気をつけてもらいたいのは、神の命令は、ただイサクの眠っている天幕に入っていって彼を殺せ、というものではなかったことです。神はアブラハムの罪の負債について言及していたのです。彼の息子は、その家族の代表として罪の負債を支払わなければならなかったのです。

山への道のり

そういうわけで、理屈はわかるものの、だからといってその命令のもたらす悲惨さは少しも薄れたわけではありませんでした。アブラハムは究極的な疑問に直面していました。「神は聖なる方。私たちの罪は、イサクのいのちによって贖われる。それでも神は同時に恵み深い方。イサクによってこの世界を祝福したいと言った方。いったいどうやって聖であり義である神が、同時に恵みを持ち、その救いの約束を果たすのだろうか」。アブラハムには答えはわかりませんでした。しかし、それでも出かけたのです。旧約聖書のもう一人の人物、ヨブと同じように。ヨブもまた、次々と説明のつかない不幸に襲われました。ヨブは、それでも神についてこう言いました。「しかし、神は、私の行く道を知っておられる。神は私を調べられる。私は金のように、出て来る」（ヨブ23・10）[22]

アブラハムは、どうやって自分を神の命令に従って山に向かわせたのでしょうか。ぶっきらぼうでいかにもヘブル的な語り口はじれったいヒントしかくれません。彼はつれの若い者たちにこう言いました。「私と子どもとは……あなたがたのところに戻って来る」（創世22・5）。神が具体的に何をしようとしていたのか、アブラハムには見当もつかなかったことでしょう。しかし彼は山に行って「よし、私にはできる」と力強い意志を持って自分を奮い立たせたわけではありませんでした。むしろ、山に向かいながら「神がするのだ、私にはどうやってするのかはわからないが」と言ったのです。いったい何をする、というのでしょう。それは、神がどうにかして長男の負債をとりはらい、同時に恵み深い祝福の約束を果たそうとする、ということです。

アブラハムは「盲信」的な信仰を働かせていたわけではありません。「こんなひどいことがあるか、これは殺人だ。だが、やるしかない」と言ったのではないのです。彼は、こう言っているのです。「神は聖く、同時に恵み深い。どのように同時にそうなれるのか、私にはわからないが、確かに神はその両方の性質を同時に表されるだろう」。もし彼に、自分は聖なる神への負債があるという認識がなければ、怒って出発することさえしなかったでしょう。しかし、神が恵み深いということを信じていなければ、絶望感に打ちひしがれてやはり出発できなかったことでしょう。ショックのあまり寝込んで死んでしまったかもしれません。神が聖であり、同時に恵み深いということを信じていたゆえに、山に向かう一歩、また一歩と歩みを進めることができたのです。

ついにアブラハムと息子は犠牲をささげる場所に到着しました。

ふたりは神がアブラハムに告げられた場所に着き、アブラハムはその所に祭壇を築いた。そうしてたきぎを並べ、自分の子イサクを縛り、祭壇の上のたきぎの上に置いた。アブラハ

ムは手を伸ばし、刀を取って自分の子をほふろうとした。（創世22・9〜10）

ちょうどそのとき、「アブラハム。アブラハム」という神の声が天から聞こえました。「はい。ここにおります」とアブラハムが究極の危機の中からこたえました。「あなたの手を、その子に下してはならない。……今、わたしは、あなたが神を恐れることがよくわかった。あなたは、自分の子、自分のひとり子さえ惜しまないでわたしにささげた」（12節）

その瞬間、アブラハムは角をやぶにひっかけている雄羊を見つけたのです。アブラハムはイサクをほどき、かわりに羊を犠牲にしました。

この世で最高のものが持つ危険

この事件はいったい何を示唆しているのでしょうか。一つはアブラハム自身がよく見えていたこと、もう一つは彼自身明確には理解していなかったことの二つがあると言えます。

アブラハム自身にもはっきり見えていたことは、この試練は神を第一に愛するためのテストだったということです。最後に神は、彼にこう言っています。「あなたが神を恐れることがよくわかった」。これは文字どおり神を「恐れる」ことというよりは、全身全霊をもって神に献身することに近い意味としてとらえられます。例えば詩篇130・4には、主への「恐れ」は、神の恵みと赦しの経験が土台になって増し加えられることが書かれています。それはつまり、偉大な神に対する愛と喜びにあふれる畏怖の念なのです。神は言います。「今、あなたが私を世界中の何よりも愛しているとわかった」。それこそが、神を「恐れる」ということなのです。

これはアブラハムの神への愛を確かめるための試練ではありませんでした。むしろ、神がアブラハムに試練を与え、彼の愛が神の目に、まさに炉の中で精錬された「純金のように」なるためでした。イサクがその手段として使われたのもそのためだったのです。もし神が介入しなかったら、アブラハムは遅かれ早かれ、息子をこの世界の何よりも溺愛することになったでしょう。それは立派な偶像礼拝で、また人生に破滅をもたらすこともできます。

この視点から、私たちは神のアブラハムに対する非常に残酷とも思える仕打ちが、実際非常にあわれみ深いものだったと理解できるのです。イサクはアブラハムへのすばらしい贈り物でした。アブラハムが神をすべてにおいて優先している間は、そばにおいていても安全でした。息子と神への従順のどちらかを選ぶように迫られなければ、アブラハムの息子への愛は偶像礼拝へと変化していったことでしょう。同じようなことが私たちにも言えるのではないでしょうか。例えば、真実を言うこと、一貫性をもって行動することが昇進への大打撃になるという場面に遭遇して初めて、キャリア、つまり仕事が自分にとってどれだけ偶像になっていたかを知るのです。神の意思に従うことよりも、職歴に傷がつくほうを心配するなら、仕事があなたにとって偶像になるのです。

前述した女性、アンナは、神がアブラハムに求めたものを、同じようにささげたでしょうか。心理カウンセラーなら、誰もがこう言うのではないでしょうか。「子どもに向かない習い事や課題などを無理強いしないように。成績が悪いからといって感情的に罰を与えてはいけません。もっとお子さんに失敗する自由を与えてあげてください」。確かにそのとおりかもしれません。しかし彼女は、もっと深いところに横たわっている課題に向き合わなければなりません。そして、心からこう言うことができなければならないのです。「非の打ちどころの全くない、いつもハッピーな子どもたちを見ていたいと思う私の願いは自己中心的だ。すべてにおいて、自分を価値あるものだと思いたい、そういう必要が私の中心にある。もし本当に私が神の愛を知っているなら、不完全な子どもを受け入れ、彼らをプレッシャーで押しつぶしてしまうことはないだろう。神の愛が、私にとって子どもたちよりも大きい意味を持って始めて、もっと本当の意味で、私のためではなく、子どもたちを愛することができる」。アンナは、彼女の「イサク」を祭壇にささげ、その人生の中心の座を神に譲り渡さなければならないのです。

子どもたちに対する常軌を逸した支配は、自分自身の人生において神を神としたくないという彼女のわがままの表れですが、それは子どもたちの人生においてもそうだと見なしていることなのです。アンナは、子どもたちの人生における最善を、自分よりも神が計画していることを想像すらできませんでした。自分自身で失敗や失望のない完全な人生マップを広げたのです。でもそれは、神の計画という必然に比べたら、隙だらけの人生計画です。何の挫折も経験しない人間は、他者に対しての共感が薄く、困難や試練を直視できず、非現実的な期待を人生にもちます。新約聖書のヘブル人への手紙にあるように、神に愛される者は誰でも懲らしめ、つまり困難を経験するのです（ヘブル12・1～8）。

子どもたちが成功することは、神の栄光や神への愛よりも、彼女のセルフイメージにとってははるかに重要でした。頭では神を信じてはいるものの、心の奥深くでは、「ああ、ママ、今までしてくれたことすべて、ママのおかげだと思ってる。本当にありがとう！」という子どもたちの言葉にこそ満足できると思っているのです。しかし悲しむべきことに、一番聞きたいと思うその言葉は決して耳にできないのです。なぜでしょうか。子どもに認められたいと思う彼女自身の過度の必要が、逆に愛する子どもたちを遠くへと追いやってしまうのです。まず心から神を第一とし、神を信頼しているから、その中で子どもたちが失敗してもいいと思い、神の計画と愛にのみ心の安らぎを見出すしかないのです。あの山へ登っていったアブラハムのあとに続くしかないのです。

アブラハムはその旅を経験して初めて、イサクを本当の意味でよく、賢く、愛することができるようになりました。イサクがアブラハムの人生のおもな希望、喜びだったら、アブラハムはイサクを厳しくしつけすぎるか（「完璧な」息子を求めて）、甘やかしすぎるか（息子の機嫌を損ねないために）のどちらかであったか、あるいは両方を行き来することになったでしょう。あるときは必要以上に甘やかしたかと思えば、その息子にがっかりさせられるようなことがあったとたん怒り狂い、暴力さえふるったことでしょう。なぜでしょうか。偶像にとらわれているからです。イサクの愛と成功はアブラハムの唯一のアイデンティティーと喜びになるところだったのです。イサクがもしアブラハムに歯向かおうものなら、抑えられない怒り、不安、失望にかられたことでしょう。そもそも子どもは、神のような存在として扱われる重圧に耐えきれません。アブラハムの期待は早晩、イサクを遠くへ追いやるか、そうでなければ、その心に歪みを生じさせたことでしょう。

アブラハムの山に向かう苦悶の歩みは、どこにでもいる一人の人間が、歴史上の偉大な人物へと神によって変えられる長い旅の最終過程でした。現代世界三大一神教と見なされるユダヤ教、イスラム教、キリスト教のどれもが、アブラハムを始祖とするのです。人類の実に半分以上が彼を信仰の父と見なしています。神がアブラハムの心の偶像を取り扱わなければ起こりえなかったことでした。

代わりに

この有名な一件は、アブラハム当人もちろん、当時の誰もが理解できなかった事件でした。なぜイサクをささげなくても済んだのか、そして、アブラハムとその家の罪はまだ償われてはいませんでした。聖であり義である神は、その罪を見過ごすことができたのでしょうか。いいえ、かわりにささげられるもの、羊が必要でした。では、その雄羊の血が長子の負債を負ったのでしょうか。いいえ、それも違います。

その後ずいぶんたってから同じ山[23]で、もう一人の長子が磔(はりつけ)になって死んだのです。そのカルバリ山で神の愛するひとり子が「わが神、わが神、どうして私をお見捨てになったのですか」と叫んだとき、天国からの救いの声は聞こえませんでした。そのかわり、父なる神は沈黙を保ちました。なぜでしょうか。アブラハムの息子の本当の代理になれるのは、神のひとり子イエスでした。そして、そのイエスが私たちの受けるべき罰を代わりに受けて死んだのです。「キリストも一度罪のために死なれました。正しい方が悪い人々の身代わりとなったのです。それは、肉においては死に渡され、霊においては生かされて、私たちを神のみもとに導くためでした」（Ｉペテロ３・18）パウロはイサクのケースの本当の意味をよく理解していました。それをみごとにイエスを表すことに適用したからです。「私たちすべてのために、ご自分の御子をさえ惜しまずに死に渡された方が、どうして、御子といっしょにすべてのものを、私たちに恵んでくださらないことがありましょう」（ローマ８・32）

ここに私たちに霊的な危険をもたらす偶像礼拝、私たちの「イサク」崇拝への具体的な解決を見ることができます。つまり、その偶像を差し出さなければならないということです。しっかり握りしめて離さないでいるうちに、その虜になってしまっていた。そこから解放される道を探し出すのです。ただ偉大な神を定義し、それを唱えるだけでは無理です。神が私たちの存在を愛し、喜び、励ます、という事実を実感する必要があります。そうなってこそ、私たちはその事実にあって心から憩い、その中にこそ私たちの存在意義と安心を見出し、人生に起こるどんなことにも立ち向かうことができるのです。

では、どうしたらそうできるのでしょう。

神はアブラハムの犠牲を見て「今、あなたが私を愛しているとわかった。自分のひとり子さえ惜しまないでささげたから」と言いました。しかし、神自身の犠牲を見て、私たちはどれだけ同じように言えるでしょうか。「今、あなたが私たちを愛しているとわかった。自分のひとり子さえ、たった一人の、あなたの愛するひとり子さえ惜しまないでささげたから」と。神のしたことの重みが私たちにおおいかぶさるとき、ついに私たちの心はほかの何者でもない、神自身に憩うことができるようになるのです。

このストーリーは、イエスの存在があってこそ成立します。神が、「義」（罪の償いを正当に求める）であり、同時に「義と認める者」[24]（救いと恵みを提供する）でありうるのは、アブラハムの時代のずっとあとに、もう一人の父親がそのひとり子を連れてカルバリと呼ばれる「山」に登り、私たちすべてのためにその子をささげたからなのです。神のように堂々として安心を得ることも、アブラハムのように勇敢になることも、ただ単に一生懸命努力することによっては決してできません。唯一の方法は、この事件が示している救い主を信じるという道だけです。イエスがこの世に生き、私たちのために死んだということを通してのみ、無限の愛と義を同時に携え持つ神を知ることができます。そうしてこそ、本当に、神が私を愛していると実感できるようになるのです。

あなた自身の山

私たちを取り囲む、多くの失望や困難を考えてみてください。もっとよく見てみると、それらの中で一番苦しみもだえるような問題は、あなた自身の「イサク」から来ているということがわかるでしょう。人生において、私たちは神からしか与えられないような種類の喜びや達成感を得ようと、様々なものに投資します。人生において最も厳しい、痛みを伴う経験は、私たちの「イサク」、偶像が取り去られるかもしれないという危機に直面したときです。そんな場合の私たちの反応は二つに分かれます。一つ目は辛辣さと絶望感を選びます。まるで自分にはそのような感情にふける権利があるかのように感じ、こう言うのです。「こつこつとキャリアを積み上げてきてやっとここまで来たのに、これですっかり水の泡だ！」あるいは「彼女のために身を粉にして働いてきたのに、これが彼女なりのお返しってわけか！」それればかりか、自分が癒されるために多少の嘘、騙し、仕返し、あるいは良心を投げ出すことさえもいといません。そうしなかったとしても、ただずっと砂を噛むような人生を歩むことになります。

もう一つは、アブラハムのように、山を登るという方法です。こんなふうに考えるのです。「これがなければ生きていけないと思っていたけれど、それなしで生きるようにとあなたは言われるのですね。でも、もしあなたと一緒なら、私に本当に必要な、そして決してなくならない、富、健康、愛、保証を得ているということになるのですね」。先陣の多くが学び教えられてきたように、イエスだけしかいないという状況に立って初めて、必要なのはイエスだけだと気づくのです。

私たちが神より下に「降格」させても、ほとんどとは言わないまでも、多くの偶像が私たちの人生に居続けます。ただもはや、心配、プライド、怒り、焦りによって私たちを苦しめ、支配することはなくなります。それよりもここで気をつけなければならないことは、実際に偶像を捨て去るのではなく、偶像と訣別できるような積極的な態度が大切だということです。アブラハムが山に登るとき、「イサクを祭壇に置きさえすればいいだろう、本当に殺さなくても」などと考えていたら、テストは落第したことでしょう。私たちの人生において安全なもの、それは、それ自体が本当の意味で偶像でなくなったときです。それは、私たちが心からそれがなくても生きていけると思えるとき、心からこう言えるときです。「神がいるから、あなたがいなくても大丈夫」

神の救いは時に、まるでその対象を半殺しにでもしているかのように見えることがあります。アブラハムを偉大な人に育てようとしているまさにそのとき、神は表面上どう見ても残酷です。そのような状況で神に従うことは、「盲目的信仰」に見えるかもしれませんが、実は、生きた大きな信仰と呼ぶことができるのではないでしょうか。聖書には、ヨセフ、モーセ、ダビデといった、あるときは神が見放したかのように見えたものの、後にそういった困難を通して、それぞれの破壊的な偶像との訣別を経験させせられていた人たちがいます。言いかえれば、そのような困難を通してでしか、彼らは偶像を捨てることができなかったのです。

アブラハムのように、イエス自身も神の呼びかけに大きな苦しみを覚えました。ゲッセマネの園で父なる神に、ほかの方法はないかと嘆願したほどです。しかし、ついに、イエスは従う道を選び、十字架に向かってカルバリ山を登ったのです。父なる神が私たちの人生に困難を許すべての理由を知ることはできません。しかし、イエスがしたように、その困難の中でさえ神に信頼することができるのです。神を見つめ、そもそも神が私たちを救うために何をしたかを思い出すと、喜びと希望が、また、偽りの神々からの自由が与えられます。それは、人生において最も暗く、最も難しい道を歩む上で、どうしても必要なプロセスなのです。

第2章　愛こそすべて？

愛を求めて

真実の愛への憧れはいつの世にも歌や物語に表されてきましたが、その勢いは現代の文化の中でとどまる所を知りません。ミュージカル劇場では軽めの明るいラブソングばかりが歌われがちですが、時には現代の愛の求め方に暗い影を感じさせるものもあります。ミュージカル「カンパニー」の中の「Being Alive」で、主人公の男性はある女性と恋に落ちるものの、彼女が「こんな僕に物足りなくなって、落胆して、僕がはっとしたときには、もう泥沼に落ちてるんだ」と歌います。それでも、彼はこう主張するのです。恋愛だけが、「僕に生きる意欲を、生きているという実感を与えてくれる」と。搾り取られるような恋愛関係に疲れながらも、一つが終わればまた次にと駆り立てられます。そうでないと「生きている実感」がないからです。「bewitched（魅せられて）」という名曲では、恋に落ちた相手の男性がお調子者で後悔させられるだろうとわかっていながら、こう歌います。「また、この感情がわきあがってくるの／自分でも手に負えないほど夢中になって／うっとり魅せられて／彼のことを思い浮かべては／クスクスッて一人で笑ったり、めそめそしたり／まるで子供みたいに」（若生りえによる訳、http://blog.goo.ne.jp/wakorie/e/95873875b007948ad5a692c2db74ac24）。こういう思いを吐露する彼らは、恋をしている状態に依存しすぎているとは言えないでしょうか。ある種のロマンチックな恋愛関係、それがたとえ間違ったものであっても、それがないと人生に意味を感じられないのです。

牧師になったばかりの頃、サリーという女性と知り合いました。彼女は生まれつきすばらしい美貌を与えられたという、ある種の不幸を背負っていました。というのも、子どもの頃からその美貌で周囲を利用できるという力を見出してしまったからです。初めはその美貌で人々を利用していた彼女も、結局はその美貌ゆえに操られるという経験をし始めました。自分を愛してくれる男性がいないと、自信が持てないようになりました。ひとりぼっちでいることなど、耐えられませんでした。その結果、彼女は暴力をふるうような相手でさえも、恋愛関係を持ち続けることのほうを選びました。

なぜそのような状況を耐えたのでしょうか。彼女が、男性に求めたもの、それは神しか与えることのできない愛と受容でした。よく耳にする、「うちの上司に奴隷みたいにこき使われてるよ」といった表現は、単に軽口をたたいているように聞こえます。確かに人使いの荒いひどい上司もいるでしょうが、本当の奴隷商人には境界線というものがありません。彼らは、文字どおり、どんなことでもやりたい放題できるのです。それが、むち打ちでも、レイプでも、そして殺人でさえも。同じように、ある一つの良い事柄が、適切な境界線を越えるとそれは偽りの神に変貌したと言えます。仕事が偶像になると、健康を損なうまで働くか、昇進するために法を犯すようになります。恋愛が偶像になると、恋人に使われるか虐待されるか、病的な関係に盲目になります。偶像礼拝的な執着心は、とにかくその偶像にしがみついていられるためには、どんな約束も平気で破ったり、自らの分別のなさを正当化したり、仲間を裏切ったりさえできるのです。適切で良い境界線すべてを平気で侵害するようになります。偶像礼拝とはつまり、奴隷になることなのです。

聖書にも愛を追い求めるあまり奴隷のようになってしまった例話があります。創世記29章のヤコブとレアの物語です。古代のケースでありながら、これほど現代に当てはめられるものはないでしょう。いつでも、恋愛と結婚は偶像化できたのですが、現代はそれよりも愛という感情そのものが、神に成りかわることができるようになりました。愛に溺れ、のまれ、すべての幸せの源をそこに見出そうとするのです。

救い主の約束

前章で見たとおり、神はアブラハムにその家族、また子孫を通して世界を取り戻すと約束しました。どの世代にもその家系を引き継ぐ者がいて、信仰を次世代に継承させました。そうやって一世代、一世代と、やがてアブラハムの子孫から救い主が現れるまで信仰が受け継がれていくのです。

アブラハムはイサクの父親でした。数年後、イサクの妻リベカは双子を身ごもり、神は預言を通してこう言いました。「兄が弟に仕える」（創世25・23）つまり、双子の弟が、やがて現れる救い主につながる家系を継承する者として選ばれたということです。そういう預言にもかかわらず、イサクは長男のエサウを次男ヤコブよりも偏愛しました。皮肉にもこれは、結局神が救い出したものの、一人息子をささげるよう迫られたアブラハムがおちいった悲劇的な過ちと同様のものでした。イサクの偏愛により、エサウは高慢で、甘やかされ、我が強い、衝動的な面を持って育ち、またそれはヤコブの斜に構えて、兄をうらやむ面を助長しました。

イサクは年を取り、一族の後継者に祝福を与える時期になると、それを神の預言に反してエサウに与えようとしました。しかし、ヤコブは変装して兄になりすまし、ほとんど視力の残っていない父の元に赴き、エサウだと思い込ませた父から祝福を受けたのでした。エサウはそれを知ったとき、ヤコブを殺すと誓い、そこからヤコブの一生をかけた荒野での逃避行が始まったのでした。

もはやとりかえしのつかないようなヤコブの人生でした。家族と財産を失いました。両親に再会することもできませんでした。しかたなくヤコブは母方の親戚を頼って、肥沃な三日月地帯に向かい、そこで生き延びようとしたのです。

ヤコブの愛着

母方の親戚を頼ったヤコブは、そこで受け入れられました。叔父のラバンは羊飼いとしてヤコブを雇い入れたのです。ヤコブが管理者として有能だとわかると、ラバンは管理の仕事も任せるようになりました。「報酬として何が欲しいか」というラバンにヤコブは一言こう答えます。「ラケルを」と。

ラバンにはふたりの娘があった。姉の名はレア、妹の名はラケルであった。レアの目は弱々しかったが、ラケルは姿も顔だちも美しかった。ヤコブはラケルを愛していた。それで、

「私はあなたの下の娘ラケルのために七年間あなたに仕えましょう」と言った。するとラバンは、「娘を他人にやるよりは、あなたにあげるほうが良い。私のところにとどまっていなさい」と言った。ヤコブはラケルのために七年間仕えた。ヤコブは彼女を愛していたので、それもほんの数日のように思われた。（創世29・16〜20）

ヘブル語では、文字どおり、ラケルの容姿はすばらしく、その上美しかったとあります。ヤコブはその美しさにすっかり魅了されたのです。いや、それ以上だったのかもしれません。カリフォルニア大学バークレー校の著名なヘブル文学者、ロバート・アルターによると、ヤコブがラケルに対する恋愛感情にどれだけ酔い、圧倒されていたかという証拠が聖書本文に多く見受けられるそうです。[25] ヤコブは彼女のために七年間の労働を約束します。現代の貨幣価値に直すと、花嫁一人に対して途方もない金額になります。しかし「それもほんの数日のように思われた」（20節）のです。そしてヤコブはラバンに言いました。「私の妻を下さい。期間も満了したのですから。私は彼女のところにはいりたいのです」（21節）。アルターは、このヘブル語の箇所を、寡黙な古代文学スタイルには珍しく鮮明、描写的、性的に描かれていると言います。現代の父親が「娘さんとセックスするのが待ちきれません、いますぐ結婚させてください！」と言われるのを想像してみてもわかるように、著者は感情的にも性的にも満たされず、女性を恋い慕う思いでいっぱいの一人の男性を鮮やかに描いているのです。

なぜでしょうか。ヤコブの人生はからっぽでした。父からは愛されず、母の愛からは遠く離れていました。当然神の愛とあわれみを感じることすらできなかったでしょう。ちょうどそのときに、今までに会ったことのないような美貌の女性に出会ったのです。思わず心の中で「彼女さえ僕のものになったら、惨めだった僕の人生がやっとまともになれる、彼女さえいれば、すべて解決するんだ」と自分に言い聞かせたことでしょう。生きる意味や認められることを追い求める彼の心は、ラケルに解決を見出したと思ったのです。

ヤコブは当時珍しい存在でした。文化歴史学者らは、古代、人々は一般的に愛情を理由に結婚はしなかった、むしろ地位のための政略結婚が主だったと見ています。しかし現代社会において、彼のような人物はさほど珍しくありません。その著書『死の拒絶』でピューリッツァー賞を受賞したアーネスト・ベッカーは、神への信仰を失った人たちが、その喪失にどう対応したか様々な例を紹介しています。もし、自分は偶然生まれ今いる場所にいるのであって、何かの目的のためにつくられた存在ではないと考えるなら、私たちの生きる意義は、人生においてどう育まれるのでしょうか。一つは、ベッカーが言うような「終末的ロマンス」です。私たちは、かつて神への信仰から得ていた超越性や人生の意義を、セックスや恋愛に求めるのです。こういった傾向を持つ現代人を彼はこう説明します。

彼とてもヒロイックなものを感じ、自分の生が事物の構図の中で重要なのだという認識をもつ必要があった。……さらに、彼はやはり信頼と感謝の念を抱いて、ある何か高くて自己陶酔できる意味に一体化する必要があった。……近代人がもはや神をもたないならば、どのようにしてこれをなしとげることができるのか。〔オットー・〕ランクの考察によると、近代人が最初に思いついた方法の一つは、「ロマン主義的な解決策」だった。……彼は自分の本性のもっとも内奥で必要としている自己賛美を、いまや恋愛の相手のうちに求める。恋愛の相手は彼の生を満たすべき神聖な理想となる。いまやすべての精神的道徳的欲求は一人の個人に集中するようになる。……一言で言えば、恋愛の対象は神となる。……神が監督する偉大な宗教共同体という世界観が滅びたとき、人間は手を伸ばして「汝」を求めたのである。[26]……われわれが恋愛の相手を神の地位にまで高めるとき、そもそもいったい、何を望んでいるのだろうか。われわれが望むのは贖いであり、それ以外の何ものでもない。[27]

これはまさにヤコブがしたことであり、ベッカーが指摘するように、現代の私たちの社会でも何百万もの人々がしていることなのです。現代社会のポップミュージックやアートは、そうし続けるようにとメッセージを発信し続けます。人生の意義、超越性に対する私たちの深い心のニーズを、愛やロマンスに託せというのです。「誰かが愛してくれるまで、私は誰でもない（訳注・米俳優ディーン・マーティンが歌ったYou're nobody till somebody loves you）」が人気を得たように、文字どおりそういう文化を容認しているのです。もし、たった一人の、本当に心から愛せる人を見つけるなら、自分のすべてが解決するという幻想を抱き続けているのです。ただ、その期待と望みが頂点に達したとき、ベッカーが言うように、「愛の対象が神」になるのです。しかし、そんな条件を満たす人など、どんな恋人や人間を探してもいるわけがないのです。そもそもそんな条件に見合う生き方のできる人などいないからです。よって避けられない結果は、幻想から醒めた苦々しさ、ということになります。

愛の力

ベッカーの文化的分析は時代遅れだという人もいます。今や私たちの文化は「フックアップ文化」、つまり、若い人たちに一般的なカジュアルでコミットメントから自由なセックス観に影響を受けているという見方があるからです。実際にデートに行く、あるいは彼／彼女として交際するケースは、男女ともに減少しています。男女同権を目指す女性はこう言います。「女性である私たちにも、男性と同じようにセックスを楽しむ権利がある」。それに、恋愛感情抜きにセックスをすることが当たり前という周囲からのプレッシャーも増えています。[28] それなら、なおさら私たちの文化は「終末的ロマンス」に希望を見出すのでなければ、どんな方向に向かっていると言えるでしょうか。最後までしぶとくぶら下がっていたピューリタン的な倫理観を振り切ってしまえば、結論は簡単です。セックスなんてどうということはない。

何とも怪しい結論です。

ローラ・セッションズ・ステップは、その著書『アンフックト』でそういった関係を結んだ若い女性の多くが満たされない、しかし同時にそれを同性の友人たちに認めたくない思いを抱えている、そして外見的な美しさとセックスアピールを追求する現代社会の巨大なストレスが、セックスをさらにどうということのない位置におとしめていると言います。一九四〇年代にＣ・Ｓ・ルイスは、英国学界においてセックスは食欲を感じる食べ物と同じようなものだと同僚たちの多くから聞きました。それに気づきさえすれば、単に「いつでもしたいときに」できさえすれば、愛やセックスに狂って身をやつすことはなくなるだろう、というのです。ルイスはこれに疑問を抱き、思考の実験を試みました。

ところで、仮にあなたがたがこんな国に行ったとしたら――そこでは、布で蔽った皿をステージに運んできて、その蔽いを少しずつ上げて行き、照明の消える寸前に、その中身である羊肉のチョップ、あるいは少しばかりのベーコンをみんなにちらっと見せる、そして、ただそれだけのことを見るために、劇場にいっぱいの人が集まって来る——そんな国へ行ったとしたら、あなたがたは、この国では人びとの食欲がどこか狂っている、とお考えにならないだろうか。[29]

しかし、ルイスはさらに議論を続けます。つまり我々はセックスに飢えているわけではない、むしろかつてないほどに性の解放が見られるのに、なぜ、前述のストリップショーと同じであるポルノ産業は一兆単位の規模になっているのだろうか、と。セックスとロマンスは食べ物のように「単なる食欲」を満たすものではなく、私たちにとってはるかに深い意義を持つものなのです。進化論主義の生物学者はこの「単なる食欲」的な欲求は脳にもともと組み込まれたものだと説明します。クリスチャンはロマンチックな恋愛感情を持つことができるのは、私たちが神に似せてつくられた存在だというところから来ていると説明します。（創世1・27〜29、エペソ5・25〜31）たぶん、どちらも本当だと言えるでしょう。

どのようなケースでも、ロマンチックな愛は、人の心と想像力にとって、非常に大きな力を持った対象に向けられます。それゆえ過剰に私たちの人生を支配することができるのです。過去の苦い経験や恐れからロマンチックな恋愛関係を避ける人でさえ、実際はその力に支配されていると言えるでしょう。かつて女性には失望させられ続けたので、今はセックスフレンドとしかつきあわない、という男性と話したことがあります。もう恋愛感情には振り回されることはないと彼は誇らしげでした。私はそんな彼にこう言いました。愛が怖くて手に入れられないとしたら、その愛をどうしても手に入れなければと思うのと同じくらい、あなたは奴隷のように縛られていませんか、と。自分の夢見る愛を手に入れられない人は、もしかしたらすばらしいパートナーになるかもしれない人さえ避けるでしょう。どうしてもその愛を手に入れなければと思う人は、不釣り合いの、あるいは虐待的な関係でさえ選んでしまうでしょう。愛を手に入れるのを恐れすぎるか、あるいはその愛に夢中になるか、どちらにおいてもその関係は偽りの神のような力を携え、あなたの見方と人生に歪みを生じさせるでしょう。

だまされたヤコブ

ヤコブの心の空虚さは、恋愛という偶像に溺れるのに十分でした。ラケルのために七年間無償で働く（当時の通常の輿入れ料の四倍近く）と申し出たとき、節操のないラバンはこの青年がどれほど恋に目がくらんでいるかを目の当たりにしました。こんなチャンスを見逃す手はない、と利用することにしたのです。ヤコブがラケルと結婚させてくれと言ったとき、ラバンはわざとあいまいな答えを出しました。「よし、約束だ」とはっきり言ったわけではありませんでした。ただ、「娘を他人にやるよりは、あなたにあげるほうが良い」（創世29・19）とだけ言ったのでした。ヤコブが聞きたかった答えは当然「はい」であったし、そのように解釈したのでしょう。しかしそれは明らかに「はい」ではありませんでした。ラバンが言ったのはこうです。「君がラケルと結婚する、悪くないね」

七年経ち、ヤコブはラバンにこう言いました。「さあ、約束の期間が終了しました。私の妻を下さい」当時の習慣によって盛大な祝宴が持たれました。祝宴の最中ラバンはヤコブに幾重にもベールを身にまとった娘を連れてきました。すでに相当酔っていたヤコブは、彼女と一夜を共にしました。しかし「朝になって、見ると、それはレアであった」のです！（創世29・25）朝の明るい光の中でヤコブは、前の晩、結婚初夜を過ごした相手が地味な容姿のラケルの姉、レアだったことにやっと気がつきます。怒りに打ち震えてヤコブはラバンのもとに行きこう言います。「いったいどういうつもりなんです？」ラバンは涼しい顔で、当地では長女を一番に嫁がせるのが習わしだと答えます。そしてヤコブがもう七年働くなら、ラケルも嫁がせていいと提案します。だまされ傷ついたヤコブは、それでもラケルを妻とするためにもう七年間無償で働きました。[30]

偶像のもたらす悲惨さ

　さて、読者はヤコブがなぜそんなにだまされやすかったのか不思議でしょう。しかしヤコブの行動はまさに依存症患者のようでした。ロマンチックな恋愛関係がドラッグのように現実逃避として人生に現れるケースは多々あります。虐待的な関係に縛られていた、美しい女性サリーはかつて私にこう言ったことがあります。「男の人は私にとってお酒みたいなものなの。誰かの腕に抱かれているときだけ、現実に対して私は私でいいんだ、って思えるから」

　老化という現実に耐えられず、それにあらがうように、かなり年下の女性のもとへ走った既婚男性の例もあります。あるいは、二、三回肉体関係を持った彼女に関心をなくしてしまう青年もいます。そういう男性にとって、女性とは単に自分のたくましさと魅力を感じるための便利な道具でしかありません。私たちが内面に感じる恐れ、不毛が、まるで恋愛を麻酔薬のように自分を一時の陶酔にひたらせるのです。そして依存症患者はいつも愚かで破壊的な選択をしてしまうのです。

　それがヤコブに起こったことでした。ラケルは単に「妻」だっただけでなく、「救世主」でした。あまりにもラケルを欲しがったので、聞きたい、見たいと彼が思うものしか耳に、目に入りませんでした。ラバンのごまかしにすっかりだまされたのもそのためでした。ヤコブのラケルを対象としたこの偶像礼拝は、その子孫に不幸をもたらすことになりました。というのも、ヤコブはレアよりもラケルによって得た息子を溺愛し、ほかの子どもたちの反感を買い、家族システムに害を与えてしまいました。欧米では恋に落ちた男性をたとえるこんな表現があります。「彼は彼女の歩いた地面さえ、ひざまずいて拝むほどだよ」。文字どおり、こんなことが現実にあったとしたら、どのように健全な関係を生み出せるでしょうか。

以上のような偶像が、ヤコブの人生をどのように破壊したかを見てきましたが、この中で最も被害を受けたのはおそらく、レアではないでしょうか。長女だったということ以外に、彼女についてもう一つの大切な特徴が記されています。本文にはレアの目は「弱々しかった」とあります。視力が悪かったのだろうという見方もありますが、全文はこうです。「レアの目は弱々しかったが、ラケルは姿も顔だちも美しかった」レアは弱々しい目をもち、ラケルは美しかったというのです。ですから、「弱々しい」という言葉はたぶん斜視か、文字どおり何らかの意味で見劣りがするということと取れるでしょう。要するにはっきりしているのは、レアはとりたてて美しくなく、その人生は今まで、はっとするほど美しい妹の陰に隠れて生きてこなければならなかったということです。

つまり父ラバンは、そんな彼女と結婚したいと申し込み、輿入れ料を支払ってくれる男などいないとさえ思っていたということです。かなりの輿入れ料を見込めるラケルを結婚させる前に、まずどうしてもレアを嫁がせなければならなかったラバンは何年も頭を悩ませていたことでしょう。ヤコブを見て、ラバンは苦しい家計に答えを見出したかのように思えたのです。千載一遇のチャンスとばかりに飛びついたのです。しかし、レアにとってこれがどんなことを意味したかを考えてみてください。父親にさえも認められなかったレアが、今度は求められなかったヤコブの妻となったのです。「ヤコブはレアよりも、実はラケルを愛していた」（創世29・30）。文字どおり、誰からも愛されなかった娘でした。[31]

レアにはその時点で、ヤコブの心にあるのと同じくらい大きくぽかりと空いた穴があったことでしょう。そして今や彼女はヤコブと同じようにその穴を埋めるために必死になっていくのです。それは、ヤコブがラケルに、イサクがエサウにしたのと同じことでした。ヤコブの愛を勝ち取る、それだけが彼女のすべてになりました。以下の最後の節は、聖書中でも最も哀れな響きを感じさせる節のうちの一つでしょう。

主はレアがきらわれているのをご覧になって、彼女の胎を開かれた。しかしラケルは不妊の女であった。レアはみごもって、男の子を産み、その子をルベンと名づけた。それは彼女が、「主が私の悩みをご覧になった。今こそ夫は私を愛するであろう」と言ったからである。

彼女はまたみごもって、男の子を産み、「主は私がきらわれているのを聞かれて、この子をも私に授けてくださった」と言って、その子をシメオンと名づけた。彼女はまたみごもって、男の子を産み、「今度こそ、夫は私に結びつくだろう。私が彼に三人の子を産んだのだから」と言った。それゆえ、その子はレビと呼ばれた。彼女はまたみごもって、男の子を産み、「今度は主をほめたたえよう」と言った。それゆえ、その子を彼女はユダと名づけた。それから彼女は子を産まなくなった。（創世29・31〜35）[32]

彼女は何をしようとしていたのでしょう。伝統的な家族観の中で自分の幸せとアイデンティティーを見出そうとしていたのです。そのためには、特に当時の社会文化の中で男児を生むことは必須でした。しかし、それでもうまくいきませんでした。彼女はすべての望みと夢を、その夫にたくしていました。「子どもを、そして男の子を産みさえすれば、夫は私を愛してくれるだろう。そうしたらやっとこの不幸せな私が報われる」と思ったのです。でも、一人、また一人と産むたびに、彼女の孤独はさらに深まっていきました。来る日も来る日も、彼女は慕い求める男性が違う女性の腕に抱かれるという事実を突きつけられました。しかも長年の間、その女性の陰に隠れて生きてこなければならなかったのです。毎日が彼女にとっては心にナイフを突き刺されるような日々でした。

底なしの幻滅感

この時点で、読者の多くはこう思われるのではないでしょうか。「いつになったら英雄的スピリットを持つ人物が出てくるんだろう。で、誰を見習ったらいいんだ。ここから学べる、道徳的ポイントは？」

混乱する理由は、私たちが聖書を読むときの姿勢にあります。それは大抵の場合、私たちが聖書を一つ一つ、切り離された「お話」として読み、どのように人生を生きたらいいのかという「模範」として読むからです。しかしそれは間違っています。むしろ、聖書は一つの壮大な物語を描いています。どのように人間が今のような状態に陥ったのか、神がイエス・キリストを通してこの世界に現れ、将来すべてを正しくするために戻ってくるという内容の物語です。言い換えれば、聖書は、モラルの模範者としてトップに立ち「力を振りしぼって一生懸命がんばれ、正しく生きろ！　そうすればここまで上がって来られるぞ！」と叫ぶような神を語ってはいないのです。逆に、聖書は繰り返し神の恵みに値しない、また恵みを求めもせず、恵みが与えられてもなお感謝もしない弱い人間を指し示し続けます。そのような一つ一つの個人的な物語から見られる聖書のメッセージの数々がつらなる壮大なアーチのようなものが、実は聖書のおもなメッセージだとしたら、そこから私たちは何を学べるでしょうか。

それは、どのような人生にも共通して、その根底に無限の失望が見られるということです。これを理解しなければ、人生を賢明に生き抜くことなどできません。ヤコブは言いました。「ラケルさえ僕のものになれば、すべてがよくなる」。そして、てっきりラケルと思い込んだ女性と一夜を共にし、ヘブル語で書かれているように文字どおり、「朝になって、見ると、それはレアであった」（創世29・25）のです。ある注解者はこの節についてこう説明しています。「まるでエデンの園追放以来の我々の幻想の縮図を見ているかのようだ」[33]。どういうことでしょうか。このレアという女性に最大の敬意を払った上で（そしてまた、彼女から多くのことを学べるとしても）、それは、私たちがどれだけの希望を持ったとしても、朝になってみると、それはいつでもレアであり、ラケルではないという事実を指し示しているのです。このことをC・S・ルイスの『キリスト教の精髄』ほどよく説明しているものはありません。

たいていの人は、自分の心の中をのぞきこむ術をほんとうに知っていたら、この世では得られない何かを自分が求めている――しかも痛烈に求めている――ということに気づいているはずである。この世にはその「何か」を提供しようとするいろいろなものがある、しかしそれらのものはその約束を完全に果たしたためしがない。初めて恋におちた時われわれの心にわき上がるあのあこがれ、また初めて遠い外国のことを考えた時の、あるいはまたわれわれの興味をかき立てる学問に初めて手を染めたときのあのあこがれの気持は、どんな結婚、海外旅行、研究生活によっても完全に満たされるものではない。わたしが言っているのは、いわゆる不幸な結婚、期待はずれの休暇旅行、実りなき学問生活のことではない。最高にうまくいった結婚、旅行、研究のことを言っているのである。どんなにうまく行っても、最初にわれわれの心を捉えたあのあこがれは、現実にぶつかると自然に消えてしまうものなのである。

　今わたしのいっていることは、どなたにもおわかりいただけると思う。妻はすばらしい女であるかも知れない――ホテルも風景も最高だったかも知れない――化学は興味津々たる仕事であるかも知れない、だがしかし、何かがわれわれの手からすりぬけてしまったのである。[34]

もしあなたが、ヤコブのように心からの願いと希望を結婚相手に期待するような結婚をしたら、その期待で相手をつぶすことになるでしょう。あなたと伴侶の人生のありとあらゆる点を歪んだ期待で埋め尽くしてしまうからです。誰も、それが最高の相手だったとしても、あなたの心、魂を満たすことのできる人などいません。ラケルと寝室に向かったと思ったのに、翌朝目覚めて隣にいるのはいつもレアなのです。こんな底知れない絶望感、幻滅感がどんな人生にもあるのですが、とりわけここにこそ、と希望を抱き期待するところで特に感じさせられるのです。

ここまで気づいたらあなたには、以下の四つの反応が見られるでしょう。まずは失望させられた相手や物を非難し、もっといいと思われる何かに移行することです。これは対象が変わっていくだけで、偶像礼拝と霊的な依存症が継続しています。二つ目の反応は、自分自身を責め、「周りはみんなうまくやっているのに、何で自分はこんな失敗ばかり。どうして幸せになれないんだろう。自分に問題があるのかも」と追いつめます。これは自己嫌悪と恥の表れです。三つ目は世の中に責任を負わせる反応です。例えば「女性というのは」とか「まったく男性ときたら」と異性を一般的に悪いのだと決めつける反応です。そういうことを声高に叫ぶときの心は、かたくなで皮肉と空虚感にあふれています。最後は、C・S・ルイスが前述の「希望」の章の最後で言ったように、人生の中心を全体的に見直し、神に向けるということです。彼の結論はこうです。「もしわたしが自己の内部に、この世のいかなる経験も満たしえない欲求があるのを自覚しているとするなら、それを最もよく説明してくれるのは、わたしはもう一つの世界のために造られたのだ、という考え方である。地上のいかなる快楽もこの欲求を満足させることができないとしても、だからといって、この宇宙が食わせ物だという証拠にはならない」[35]

偶像――男性、女性それぞれにとって

ヤコブは実に「終末的セックス」を追い求めていました。レアは伝統主義者で、子どもを産み育てる妻というものにアイデンティティーを見出そうとしていました。しかし両者ともうまくいきません。アーネスト・ベッカーはこう説明します。

死と性の不即不離の関係は、人間の問題の解決策として登場してくるロマン主義的な愛の挫折の主たる原因であるとともに、近代人の欲求不満の非常に大きな部分を占めているからである。……いかなる人間関係も神であることの重荷に耐えられない。……われわれがどんなに相手を理想化し、偶像視しようとも、相手は現世につきものの腐朽と不完全性を反映することは避けられない。……われわれが恋愛の相手を神の地位にまで高めるとき、そもそもいったい、何を望んでいるのだろうか。われわれが望むのは贖いであり、それ以外の何ものでもない。われわれは自分の欠点や自分が無意味だという感情を取り除きたいと思っている。われわれは正当化されることを、つまりわれわれが創造されたのは決して無駄ではなかったことを知りたいと思っているのである。……いうまでもなく、人間の相手ではこれはできな

い相談である。[36]

こういった男女が互いを偶像とするお決まりの恋愛関係は、つまるところ行き先がありません。「男性はセックスを得るために愛し、女性は愛を得るためにセックスする」とよく言われます。どんなステレオタイプでもそうですが、確かに少なからず真実が含まれています。しかしヤコブの物語に見られるのは、どちらの場合も偽りの神々は彼らの希望を失望に終わらせるということです。ヤコブは容姿の美しい妻を持つことで人生に価値を見出そうとしました。心がすっかり奪われていたので、この美しい女性の未熟さ、足りなさを見ることができませんでした。レアの偽りの神はセックスではありませんでした。夫との肉体関係があったことは明らかですが、彼の愛と献身を受けてはいませんでした。夫に望んだのは、身体だけでなく心も彼女につながってほしいということでした。彼女の人生は浅くはかなくみじめでした。

現代において注目を浴びつつあるのは、多くの女性たちが「コミットメント」依存症になっているという事実です。映画「そんな彼なら捨てちゃえば?」("He's Just Not That Into You")」について、ニューヨーク・タイムズ紙のマノーラ・ダージスは、ハリウッドが「まるで女性の関心事が、靴とウエディングベルと赤ちゃんに限られていると言わんばかり」と、嘆いています。登場人物の一人の女性は、ある男性と初めてのデートに出かけた夜、友人に電話をかけ、いい感じだったと伝えます。しかしちょうどその頃、家に着いた彼のほうは、ほかの女性に誘いの電話をかけているという始末です。[37]

確かにダージスの言うことはもっともかもしれません。白馬に乗った王子様みたいな相手と盛大な結婚式を挙げることで頭が一杯の女性たちは、まるでそういう欲求に囚われた奴隷です。そういった典型的な恋愛の奴隷状態から解放されて、男みたいに自由になりなさいよ、と叱咤激励しているかのようです。けれども、今まで見てきたように、どんな偶像も結局は私たちを奴隷にするのです。男性の恋愛観が偶像になると「自由」にこだわりすぎて「外で遊べなくなる」のを嫌がります。女性の場合は前述の記者が言ったように、誰かに依存すること、頼って甘えて簡単に支配されてしまうこと、が中心になります。どちらも奴隷状態であることに変わりなく、人生の様々な決断を前に視界を曇らせ、歪ませます。それでは、いったい私たちはどうしたらいいのでしょうか。

レアの気づき

この悲劇の中で、レアは霊的な成長を遂げる唯一の登場人物ですが、それは物語の最終段階でしか起こりません。まず神が彼女の内面に起こした変化を見てみましょう。ヘブル語学者たちによると、レアはその言葉の中で常に主を呼び求めていることがわかります。彼女はヤハウェ（The Lord、主）という言葉を使いました。32節では「主が私の悩みをご覧になった」と言っています。なぜ彼女は、その主という呼び名を知っていたのでしょうか。

ヘブル語で一般的に神のことをエロヒーム（Elohim）と呼びます。当時のすべての文化に神、あるいは神々という一般的な概念は存在していました。しかしヤハウェとは、その中でも特に、まずアブラハム、そしてのちにモーセに現れた神を指しました。アブラハムに、その子孫を通して世界を祝福すると約束した神です。レアがこのヤハウェを知ったのは、ヤコブが祖父に与えられたその約束を彼女に話したからにほかならないでしょう。彼女は悩み苦しみながらも、個人的に恵みの神との関係を与えられていました。

そんな彼女に転機が訪れたのは、数年間の妊娠出産を経てからのことでした。最後の息子を出産して彼女はその子に「今度は主をほめたたえよう」という意味のユダと名付けました。そこには、それまでの出産とは全く違う、宣言とも言うべき毅然とした彼女の姿勢が見られます。そこには夫や子どもの気配はつゆほども感じられません。ついに彼女は人生の希望をほかの何ものでもなく主に置くことを決めたのでした。ヤコブとラバンによって奪われたかに見えたレアの人生は、彼女自身が神にのみ希望を置くと決めたときから変えられました。人生を取り戻したのです。

本当の花婿

神が働いて、レアの内にどのような変化が起こったかだけでなく、神が彼女のために何をしたかにも注目する必要があるでしょう。レアはこの末の息子に何か特別なものを感じていました。あるいは個人的に神の働きを感じていたのかもしれません。実際、創世記の著者も明らかにそれを意識していました。ユダは、彼を通して後に本当の王、救い主が現れると創世記49章で名指しされた人物でした。神は、誰からも求められず、愛されなかった一人の女性のもとに来て、彼女をイエスの先祖としたのです。この世界にもたらされた救いは、美しいラケルではなく、誰からも求められず愛されない者を通してでした。

つまり神は負け組の味方だと言いたいのでしょうか。いや、むしろこのレアに与えられたすばらしい贈り物ははるかに深い意味があります。この箇所で、レアが嫌われているのを見た神がレアを愛したことがわかります。まるで神が「私がおまえの本当の花婿だよ、夫にも父にも愛されない者よ、私がおまえの本当の夫だ。本当の父だ」と呼びかけているかのようです。これこそ恵みにより救いを与える神の姿そのものです。道徳的宗教の神々は成功者や人生の勝ち組に目をかけます。道徳的なはしごを一段一段天国に向かって登っていく人たちです。しかし聖書の神はむしろ自分からこの世界に降りてきて、救いを実現させます。私たち自身では決して得ることのできない恵みを与えに来るのです。誰にも求められない、愛されない、弱い者たちに愛を示します。神と私たちは、単なる王としもべ、羊飼いと羊ではありません。神が夫なら、私たちは妻なのです。他の誰もが気がつかないような者で、神にとって私たちは愛してやまない伴侶なのです。

ここに偶像礼拝を乗り越える力があるのです。恋愛の対象やパートナーが見つからないと嘆く多くの人に耳を傾けてほしいのは、神がささやくこんな言葉です。「君の本当の花婿は、この私だ。この腕だけが君のすべてを受け止め、この私だけが君の心からの願いをいつか必ず叶(かな)えられる。ただ、それには君が私の方に振り向いて、私が君をどんなに愛しているかに気づいてくれないといけないんだ」。しかしこれは独身者だけに語られている言葉ではありません。神が究極の伴侶だということは、既婚者にも同じように語られています。無理な期待によって結婚関係が破綻する前に、結婚生活を守るためにもこの言葉に耳を傾けることが必要なのです。神に求めるものを伴侶に求めて結婚するなら、いつか失望させられることは明白です。だからといって伴侶にそれほど期待するな、ほどほどに愛するだけでいいと言っているのでもありません。むしろ、もっと神を知り、愛することを大切にしてほしいのです。息苦しい私たちの期待から恋人や伴侶を解放することができるほどに、深く神を愛するにはどうしたらいいのでしょうか。それは、レアの人生が指し示した方向を見つめることにあります。

誰からも求められなかった人

　イエス・キリストとして神が地上に来たときのことを考えると、文字どおり本当にレアの血を受け継いだのだとわかります。誰もイエスを求める者はいませんでした。生まれてすぐ飼い葉桶に寝かされるほどの貧しさでした。王としての栄光は何一つ持ち合わせていませんでした（イザヤ53・2）。自分の国に来たのに、その民からは受け入れられませんでした（ヨハネ1・11）。最後は、誰からも見捨てられました。イエスは父である神にさえ「どうして私をお見捨てになったのですか」と叫びました。

　なぜイエスはレアをルーツに持ったのでしょうか。なぜ誰からも見放されるような者になったのでしょうか。それは、ひとえにあなたのため、そして私のためでもありました。イエスは私たちの代わりに、私たちの罪を背負い、死にました。私たちのためのこの愛を目の当たりにし、深く心動かされて初めて、私たちは他の「救ってくれるかもしれない」神々にしがみついていた心を手離すことができるのです。恋愛や結婚で自分の心を満たそうとしていたことをやめられるのです。すでに満たされた心があるからです。他の誰からも、何によっても、満たされる必要がなくなった心です。「救ってくれた」方が、今や見つかったからなのです。

古い自分が恋い慕っている何かを廃棄する唯一の手段は、それを排出できるだけの力を持った新しい存在を手にすることだ。……よって……この世界に、その不完全な姿を見せつけることも、喜びとはどういう姿かを自分なりにつかの間示すことも、その愚かさを示してこの世の良心に訴えることも、不十分である。……むしろ、この世界よりも大きな神の愛に自分の心を向けるため、あらゆる合法的な手段を試みよ。[38]

ある日、前述のサリーが、どのように我に返り人生を取り戻したかを話してくれました。彼女が相談したカウンセラーは、彼女に自分のアイデンティティーの土台を人に求めていたこと、他人に自分を「救って」もらおうとしていたことを指摘しました。そして、自分のセルフエスティームを高めるため仕事を見つけて経済的に自立することを勧めました。彼女は経済的に自立することこそ今の自分に必要だと心から同意したものの、セルフエスティームについての助言は受け入れませんでした。「私がアドバイスされたのは、結局、女性にとっての典型的な偶像を捨て、男性にとっての典型的な偶像を持ちなさい、ということだったんです」。そして彼女は続けました。「でも、今まで異性に愛されることに頼ってきた自分の存在価値を、今度は仕事やキャリアアップに頼るなんてもっとしたくなかった。私は自由になりたかったんです」

それで彼女は、コロサイ3章のパウロによる以下の箇所に目を留めました。「あなたがたのいのちは、キリストとともに、神のうちに隠されてあるからです。私たちのいのちであるキリストが現れると、そのときあなたがたも、キリストとともに、栄光のうちに現れます」（コロサイ3・3〜4）。異性であろうが、仕事であろうが、どんなものも彼女の「いのち」、あるいはアイデンティティーにすることはできないと気がついたのです。異性が彼女をどう思うか、仕事が成功するかではなく、キリストが彼女のために何をしたか、彼女をどのように愛したのかが最も重要でした。だから、誰か異性に言い寄られたとき、彼女は心の中で彼に向かってこう言います。「あなたって、お付き合いしてみたらすばらしい男性かもしれない。もしかして夫になる可能性もある。でもあなたは、どんなことがあっても『私のいのち』にはなれない。キリストだけが私のいのちだから」。そういうふうに考えるようになって、彼女はレアのように人生を取り戻しました。こういった心の訓練を重ねていくと彼女には力がついていきます。それは人との間に健全な境界線を持ち、よい選択をし、結果、男性をその人柄のまま愛せるようになる能力です。それはもはや自分のセルフイメージを膨らませるための自己中心的な愛ではありません。

彼女のケースは、しかし私たちすべてが問うべき質問に答えています。私たちはどのように人生を生きればいいのか。すべての薄っぺらな偽りの神々から私を引き離すほどの美しさを備えた方にどうやって向かえばいいのか。答えは一つです。詩人ジョージ・エイベアが書いたように、十字架のイエスを見上げることです。「あなたこそ私の愛するすべて、私のいのち、私の光、私にとってこの上ない美しさ」[39]

第3章　金銭はすべてを変える

むきだしの強欲

二〇〇五年、クレディ・スイス銀行はリゾート開発への巨額の融資を始めました。これらの融資は債務者には即時の個人的利益を、機関投資家には高利を約束しました。結果、モンタナ州の山あいにある高級プライベートスキーリゾート、イエローストーンクラブの創設者兼筆頭株主は三億七千五百万ドルの融資を受け、融資契約が許可するように、そのうち二億九百万ドルがすぐに個人口座に振り込まれました。クレディ・スイスは自身の資産にはリスクがないのをいいことに、債務者の返済能力の評価審査を怠っていました。融資は「ローン証券化商品」の一部として取り引きされ、起こりうるすべての問題は機関投資家にまわるようになっていました。例えば退職年金基金は、機関投資家の一部ですが、そういった金融商品を購入し、そのリスクは販売業者によって全く過小評価されていました。クレディ・スイスは、二〇〇二年から二〇〇六年にかけてこのような融資を六件のリゾートに対し合計約三十億ドル行いました。

しかし、二〇〇七年にはイエローストーンクラブの日常的に悪かった経営状態はさらに悪化の一路をたどりました。クレディ・スイスへのローン返済の負担が大きすぎ、経営状態を改善するどころか、さらに厳しい状況に追い込まれる悪循環が起きていました。深刻な不景気が到来し不動産価格が下落すると、クラブは破産申告を余儀なくされました。「先取特権」を所有するクレディ・スイスは、クラブを「長期凍結」する仮財務処理プランを提示しましたが、それは何百人もの被雇用者に解雇を余儀なくするものでした。モンタナ州の小さな街の店員、ウェイトレス、庭師、リフトオペレーターたちが、ほかに雇用機会がほとんどない中で経済的な試練に直面しようとしていました。

幸運にも、モンタナ州の破産担当判事は何が起こったのかを見直して、クレディ・スイスとクラブ所有者を厳しく叱責しました。その内容は「むきだしの強欲」と「略奪的なローン」をもって私腹を肥やし、すべてのリスクとしわ寄せを地域の労働者たちに背負わせたというものでした。判事はクレディ・スイスの先取特権を剝奪するという、破産申告のケースでは珍しい判決を下しました。結果、クラブは他の買い手がつく可能性が与えられ多くの人たちの職が救われました。[40]

記事を書いた記者は、このケースを現代の「経済的時代精神」を反映するスナップ写真だと言います。経営者、重役らの給与の急激な増加、贅沢な商品の消費促進、何千もの普通の被雇用者たちの財産を利用して、ディーラーが貪欲に何百万もの利益を生み出す取り引き、法外な借金への関心の低さ、それらがすべて、現代の劇的な社会的変化を表しているというのです。この変化について、ポール・クルーグマンは以下のようにとらえています。

現在の市場経済のトレンドについては、ウォーターフロント不動産価格の高騰のようなものと考えるよりも、一九六〇年代のセックス革命のようなものとして捉えるべきだろう。古い価値観からの解放、新しき寛容、しかしこの場合、寛容さは性的ではなく経済的な意味においてである。ジョン・ケネス・ガルブレイスが一九六七年のあるべき誠実な経営者をこのように描写している。彼は「愛らしい、すぐ手に入る、あるいはたとえ全裸の女性がすぐそこにいるとしても、彼女を避け……その経営も自身の利益だけを追求する冷酷さはない」。しかし一九九〇年代末の経営者のモットーは、こう変わったと捉えていいだろう。「気持ちがいいことなら、何でもやってみろ」[41]

自分自身の欲は見えない

アーネスト・ベッカーが指摘したのは、現代社会がセックスとロマンスを神の代わりにしたということでした。しかしそれよりも早く、フリードリッヒ・ニーチェはある特筆すべき論理を展開していました。神の存在が失われた西洋文化の中で、次に神に取って代わるのは金銭だというのです。

この人は不正な秤を使用する。あの人は、高額な保険をつけたあとで、自分の家に放火する。第三の人は贋金作りに参加する。上流社会の四分の三は、合法的な詐欺に没頭し（中略）彼らを駆り立てるのは何であるのか？　真の窮迫ではない。彼らはそれほどひどく具合が悪いわけではない。（中略）そうではなくて金のたまり方が遅すぎるというおそろしい焦燥感や、たまった金への同じようにおそろしい欲望と愛好心が、日ごと夜ごとに彼らを苦しめるのである。（中略）そして昔人々が「神のために」行ったことを、人々は現在金のために行う。すなわち、現在力の感情と疚しくない良心とを最高に与えるもののために行うのである。[42]

つまり、西洋文化で今後金銭がおもな偽りの神になるだろうと予言したのです。すでに数えきれないほどの作家や哲学者が「強欲の文化」が私たちの心を蝕み、経済的な破綻をもたらすことを指摘してきました。しかし、その変化がもうすぐそこに来ているとは考えませんでした。なぜでしょうか。強欲や貪欲さといったものは、自分自身の中にあると特に見えにくいものだからです。

数年前、私は男性朝食会において七つの大罪を七回シリーズで話していました。妻のキャシーがある日こう言いました。「あなたが強欲について話す日は、きっと参加人数が一番減るわね」。そのとおりでした。「色欲」「憤怒」「傲慢」の回は参加者があふれんばかりだったのに、です。つまり誰も自分が「強欲」だなどとは思っていないということです。今まで私は牧師として、いろいろな人たちがほとんどすべての罪を告白するのを聞いてきました。ほとんどすべて、です。ところが誰かが私のところに来て「自分のためにお金を使いすぎてしまうんです。私のお金に対する強欲さは、私の家族を、私の魂を、私の周囲の人々を傷つけていると認めます」などと告白するのを聞いたことは一度もありません。強欲はその犠牲者からうまく姿を隠します。自分の心を盲目にさせる、というのが金銭という偽りの神のやり方なのです。

なぜ誰もこの強欲のしっぽをつかみ正面から見据えることができないのでしょうか。金銭という偽りの神は、強力な社会的心理的原動力を用います。例えば、誰もがある特定の所得層に暮らしやすい傾向に注目しましょう。金銭的余裕が生まれ、ある特定の所得層の地域に暮らし、そこで子どもたちを学校に通わせ、社交グループとの関係が持てるようになると、次に気がつくのは周囲に自分たちよりも裕福な人たちが多くいるという事実です。人は世界中の富裕層と自分を比べようとはしませんが、自分が暮らす地域においては自己と他者を比較しやすいのです。人の心はそのようにして自分を正当化しますし、それが最も簡単な方法の一つです。「少なくとも私は、あの人たちのようには暮らしてない。彼らに比べたら、私はまだつましく暮らしているほうだ」と思うかもしれません。しかしずいぶんと贅沢な暮らしをしていても、こういう考え方はできるのです。こうしてほとんどのアメリカ人は自分たちを中流だと考え、たった二%が「上流階級」だと認識しています。[43] しかし、もちろんこれは世界には当てはまりません。アメリカを訪れる外国人の多くがショックのあまりよろけるほどなのは、物質的に満たされることは必須だというアメリカ人の主流の見方に驚くからです。

イエスは人々に、セックスよりも強欲についてはるかに多く警告を与えました。しかし、ほとんど誰も自分が有罪だとは思わないのです。だからこそ私たちはみな、まず、こういう前提から考え始めるべきでしょう。「これはいつでも私の問題になりうる」。強欲が深く身を潜めているなら、誰も自分とは関係ない問題だと安心するべきではありません。金銭という私たちを盲目にする力はどのように見つけることができ、そこから自由になれるのでしょうか。

金銭、その魅惑的な力

それからイエスは、エリコに入って、町をお通りになった。ここには、ザアカイという人

がいたが、彼は取税人のかしらで、金持ちであった。（ルカ19・1～2）

簡潔にではあるけれども十分な表現で、ルカはザアカイを描写しています。彼は共同体ではつまはじきにされていた「取税人」でした。現代でも「私、国税庁勤めなんです」などとパーティーで気軽に自己紹介はしないでしょうが、当時の状況で彼の立場が何を意味したかを理解しなければなりません。当時イスラエルはローマ帝国の軍事占領下にありました。ローマ帝国は自国とその市民に経済力を集中するため、それぞれの植民地から過重な税を徴収していました。植民地はこれにより慢性的な財政難で、常にローマ帝国に従属せざるをえませんでした。イスラエルで何の不足もなく暮らせたのは支配者ローマ人か、植民地でのローマへの協力者である取税人たちでした。徴税制度はローマの重税をとりたてる取税人に一任され、それぞれの地域からの徴税は彼らの集金活動によって成り立っていたので、誰もがこの取税人を軽蔑していました。ザアカイは「罪人」（7節）と呼ばれていましたが、それは背信者とか日陰者という意味で使われていました。こういう職種の人々は当時どのように捉えられていたのでしょうか。たとえて言うなら、第二次世界大戦中ナチス政権の協力者として自国民を弾圧した人たち、都市で弱者を奴隷化して私腹を肥やす麻薬密売組織のトップ、企業を買収しては倒産させる「泥棒男爵」と呼ばれる実業家、返済不可能なローンを組ませ家を購入させる銀行家、そのうえ自分たちは莫大な利益を得るといったところでしょうか。取税人は当時そのような人と同じように見られていました。

では、なぜそんな職業をわざわざ選ぶ人がいたのでしょうか。家族、国を裏切り、社会ののけ者とされてまでその仕事を選ぶ魅力はどこにあったのでしょうか。答えは一つ、金です。ローマ人が取税人に提示した条件は、拒否できないほど魅力的でした。兵士をボディーガードにつけ、ローマから課された金額以上の税金を同胞のユダヤ人から徴収することが許されました。今で言うところの恐喝で、簡単に儲かる仕事でした。だから取税人たちは地域社会において、最も裕福で最も嫌悪されていた存在だったのです。

ルカがザアカイに注目した一つの理由は、彼が単なる普通の取税人ではなかったことです。彼はギリシャ語で architelones、つまり取税人のかしら（2節）でした。交易の中心地であったエリコに彼がいたというのも当然なのです。この徴税システムのトップにいた彼は、そこでは有名な大金持ちで、また最も嫌われていた人物でした。当時は現代とは違い、財力を誇示するための散財や、富をひけらかすことに対しての汚名恥辱がありましたが、そんなことはザアカイにとってはもうどうでもいいことでした。金を手に入れるためにすべてを捨てた男でしたから。

金の亡者

パウロは、強欲は一つの偶像礼拝だと言います（コロサイ３・５、エペソ５・５）。ルカも、同じことを教えています。[44] ルカの福音書12・15で、イエスはこう言います。「どんな貪欲にも注意して、よく警戒しなさい。なぜなら、いくら豊かな人でも、その人のいのちは財産にあるのではないからです」。貪欲とは何でしょうか。その前後ルカ11、12章で、イエスは財産に対する心配について警告しています。イエスにとって、貪欲、強欲とは単に金を愛することだけでなく、その財産に対する異常なまでの心配を意味していました。なぜ自分の銀行口座の残高にそれほど感情が強く支配されるかをこのように説明します。「そのひとのいのちは財産にあるのではない」。財産にその存在価値を置くとは、人がどのように金を所有し消費するかで説明できるでしょう。つまり金を土台にして個人的なアイデンティティーを築き上げるということです。富、財産を失うと、自身を失ったかのように感じてしまう人たちがいます。自分の価値はその財産、経済力によって示されると考えるからです。イエスはここに真正面から切り込みます。

「しもべは、ふたりの主人に仕えることはできません。一方を憎んで他方を愛したり、または一方を重んじて他方を軽んじたりするからです。あなたがたは、神にも仕え、また富にも仕えるということはできません。」さて、金の好きなパリサイ人たちが、一部始終を聞いて、イエスをあざ笑っていた。イエスは彼らに言われた。「あなたがたは、人の前で自分を正しいとする者です。しかし神は、あなたがたの心をご存じです。人間の間であがめられるものは、神の前で憎まれ、きらわれます」（ルカ16・13〜15）

イエスは、基本的な聖書にある偶像礼拝のメタファー（比喩）を用いて彼らの強欲さに適用します。聖書によると、偶像礼拝者は、その偶像に三つのことをします。偶像を愛し、信頼し、従うのです。[45]「金の亡者」はどうやったらもっと金儲けができるか、新しいものを買えるかをあれやこれやと思い描き、自分よりも多く持っている者たちを羨望の目で見つめます。「金の番人」は貯金や財産があるというだけで人生をコントロールできている、また安心だと感じます。「金に目がくらむ」のは偶像礼拝の典型的なケースです。地上の王、主権者に従うように、私たちは偶像に自分の魂を売ります。つまりそれに自分自身の存在意義（愛）と安心（信頼）を置くので、どうしても持たなければならないと思うようになるからです。それで身を粉にするほどそのために働き仕え、実質従うことになるのです。イエスが富に「仕える」と言ったとき、その言葉は王に対する神聖で忠誠を誓う奉仕を意味していました。もしあなたが金のために生きるなら奴隷同然です。しかしもし神が人生の中心にあるなら、居座っていた場所から金を引き下ろし降格させることができます。あなたのアイデンティティーと安心が神にあるなら、心配や欲望に支配されることはなくなります。まさしく、あちらか、こちらかなのです。神に仕えるか、マンモン（訳注・七つの大罪の強欲を司る悪魔）への隷属に身をゆだねるかのどちらかなのです。

この隷属性は、貪欲な人々が自身の物質主義にいかに盲目であるかにはっきりと見ることができるでしょう。ルカ12章でのイエスの「どんな貪欲にも注意して、よく警戒しなさい」という言葉は注目すべき表現です。聖書が警告するもう一つの典型的な罪、不倫について考えてみてください。イエスは「不倫を犯さないように気をつけなさい」とは言いませんでした。言う必要がないからです。もしあなたが既婚者とベッドにいるなら何が起こっているかもうわかっているはずです。途中で「ちょっと待てよ、これって不倫じゃない？」などと誰が言うでしょうか。それが何であるか、最初からわかっているのです。世界はそんなふうに欲と物質主義にまみれているのに、ほとんど誰も、自分のことだとは思いません。直視せず否定の中に生きています。

だからこそ、ザアカイに「そんなにたくさんの人をなぜ裏切り傷つけることができたんだろう。なぜ自分があんまで憎まれることをいとわなかったんだろう。なぜあんなことをしながら、しゃあしゃあと生きていられたんだろう」などと、疑問を投げかけることはもはや私たちにはできないでしょう。ザアカイは言うなればイエスがルカの福音書で教えてきたことの一例にしかすぎません。金銭は、典型的な偶像の一つです。それがあなたの心をつかむと、何が起こっているのかわからなくなり、あなたはその不安、欲望によってコントロールされ、とにかく何にもましてそれを第一にせざるをえなくなるのです。

恵みの始まり

〔ザアカイは〕イエスがどんな方か見ようとしたが、背が低かったので、群衆のために見ることができなかった。それで、イエスを見るために、前方に走り出て、いちじく桑の木に登った。ちょうどイエスがそこを通り過ぎようとしておられたからである。イエスは、ちょうどそこに来られて、上を見上げて彼に言われた。「ザアカイ。急いで降りて来なさい。きょうは、あなたの家に泊まることにしてあるから。」ザアカイは、急いで降りて来て、そして大喜びでイエスを迎えた。これを見て、みなは、「あの方は罪人のところに行って客となられた」と言ってつぶやいた。（ルカ19・3〜7）

ザアカイは確かに身長が低かったのですが、なぜ列の前の方に立てなかったのでしょうか。誰もが彼の前にたちはだかって道を譲ろうとはしなかったからです。それなのに彼は大胆な行動に出ます。木に登ったのです。それがどれだけ大胆な行動だったかをまず理解しなければならないでしょう。当時の伝統的社会では、自由や権利よりも、名誉と尊厳が尊ばれました。大の大人が木に登るなど、ありえない行動でした。特にザアカイのように背だけでなく人格も足りないとばかりに軽蔑されている人にとって、品位ある行動を心がけるのは当然でした。それなら、なぜ木に登ったのでしょうか。「イエスがどんな方か見ようとした（見たかった）」とあります。ザアカイはイエスとできれば「お近づき」になりたかったのです。いや、「できれば」は十分な表現ではありません。木に登るほどの行為をした彼には、むしろ「必死だった」という表現のほうがより近いかもしれません。

イエスの目に入った群衆のほとんどは、取税人や遊女を見下すような優越感を持つ折り目正しい宗教熱心な人々でした。（ルカ19・7、マタイ21・31）彼らのそういう優越感を指摘する代わりに、イエスは人だかりの中から最も悪名高い「罪人」を名指ししました。ザアカイは取税人のかしらで、罪人の中でも最悪の部類でした。しかし優等生ばかりの群衆の面前でイエスはこの男を選びました。ただ話すためだけでなく一緒に食事をするためにです。当時の文化では食事を共にすることは友情を意味しました。その場にいた誰もが不快感を覚えましたが、イエスは気にも留めません。イエスは言いました。「ザアカイ、他の誰のところでもなく、君のところを訪ねたいんだ」。ザアカイが大喜びでイエスを迎えたことは言うまでもありません。

この何の変哲もないやり取りは、しかし私たちに多くのことを示しています。ザアカイはまず、イエスに謙虚に近づきました。地位と富をひけらかしたわけではなく、自分自身の立場をも忘れてイエスを一目見ようと馬鹿にされるような行動に出ました。しかし、究極的には、ザアカイという登場人物がイエスの人生に現れたのではありません。イエス自身がザアカイの人生に現れたのでした。しかも、両手を広げて。まるでイエスの笑い声が聞こえるかのようです。「ザアカイ！そう、そこの君だ。僕は今日、君と一緒に帰るよ」と言いながら。イエスは自分の行動がその群衆を前にいかに反社会的であるかを十分に知っていました。彼らが宗教的だと思っていたものを根底からくつがえし、木の上にいた小さい人にどんなに大きな感動を与えるかをも。

ザアカイの内面は大きく変わり始めました。群衆の中で、最も道徳から離れた自分を、あのイエスが個人的な友情の対象として選んだことがきっかけでした。当の本人は明確に意識していたわけではないでしょうが、ザアカイは神の救いが恵みによるものだということ、道徳的にいかに正しく振舞えているかどうかではないということを理解し始めたのでした。この理解は彼の内面を閃光のように突き通し、彼は喜びにあふれてイエスを迎えました。

恵みと金銭

　ところがザアカイは立って、主に言った。「主よ。ご覧ください。私の財産の半分を貧しい人たちに施します。また、だれからでも、私がだまし取った物は、四倍にして返します。」イエスは、彼に言われた。「きょう、救いがこの家に来ました。この人もアブラハムの子なのですから。人の子は、失われた人を捜して救うために来たのです」（ルカ19・8〜10）

　ザアカイはイエスに従っていきたいと思いましたが、そのためには金銭の問題を何とかしなければならないとすぐに理解したのでした。それで、この二つの驚くべき約束を宣言したのです。

　一つは収入の半分を貧しい人に寄付することでした。これはモーセの律法が献金として定めている十％をはるかに超えています。現代では収入の十分の一さえ寄付するのは気前が良すぎると思えるかもしれませんが、本当に裕福な人はそれ以上寄付してもまだ十分快適に生活できるのです。ザアカイは知っていました。その心が変えられたことを。救いは律法遵守からでなく恵みから来るのだと知って、律法遵守にしがみつく生き方を目標にするのをやめたのです。むしろ律法遵守以上のことを求めました。

牧師である私に、年収の十分の一を献金する「十分の一献金」について聞きにくる人が過去何人かいました。しかし新約聖書において、具体的な献金額についてははっきりと触れている箇所はありません。彼らはこう聞きます。「先生は、新約聖書において、信者が絶対に十分の一を献金しなければならないと書かれているとはお考えにならないですよね」。私が「そうですね」と、うなずくと彼らは安堵の溜め息を漏らしますが、すぐに私はこう言い添えます。「新約聖書になぜ十分の一献金について明確に書かれていないかを教えましょうか。こう考えてみてください。私たちには神の啓示、真理、恵みが、旧約時代の信徒よりも、もっと与えられているでしょうか、いないでしょうか」。大抵の場合、ここで気まずい沈黙が流れます。「私たちは、旧約時代の信徒よりも、もっと『恵みの負債者』ではないでしょうか。イエスはその人生において、私たちを救うためにそのいのちと血の『十分の一』だけささげたのでしょうか、いや、すべてではなかったでしょうか」。十分の一はクリスチャンにとって最低の基準でしかありません。神が自分を救うためにどれほどのことをしたのかを知らずにあふれるモノに囲まれているのと、知っていながら財布のひもを固く締め続けるのとだったら、私たちは確かに後者にはなりたくないでしょう。

ザアカイのもう一つの約束は、慈善やあわれみからではなく、正義に関するものでした。彼はだまし取ることで巨額の富を築いていました。法外な額を徴収されていた者も少なくありませんでした。ここでもモーセ律法が前提となっています。レビ記5・16、民数記5・7は盗みについて、二十%の利子をもって弁償するように定められています。しかしザアカイはもっと償いたかったのです。だまし取ったものを「四倍にして」返すと言いました。実に三百%の利子です。

これに対し、イエスは「きょう、救いがこの家に来ました」と言います。「そのようにしたら、この家に救いが来ます」とは言わなかったことに注目してください。救いは、もう来ていたからです。神の救いは変えられた人生の結果として来るのではありません。無償の贈り物として与えられる救いの応答として、変えられた人生が現れるのです。

それが、新しくなったザアカイの心と人生の理由でした。もし救いが倫理的な規律に従ったことから得られるものだとしたら、ザアカイの質問はこうなったでしょう。「私はどれくらいお返ししたらいいでしょうか」。しかしザアカイの約束は、あふれるばかりに気前よく与えられた神の恵みに応答してのものだったので、彼は「私はどれくらいお返しできるだろうか」と自問しました。経済的に豊かでありながら霊的には破綻した者であることを自覚したのです。しかしそんな者にさえイエスは豊かな心と心の関係を、しかもただで差し出したのです。ザアカイは貧者を圧政する者から正義を追求する者になりました。周囲の人間から金を巻き上げる者から、その富をもって周囲に仕える者に変えられました。なぜでしょうか。ザアカイにとってそれまで自分を救ってくれる神だった金銭に代わり、イエスがザアカイの神になったのです。そのとたん、神の地位を失った金銭は、彼にとって、単なる通貨にすぎなくなったのです。むしろそれは、良いことをするための道具、人に仕えるための手段となりました。彼のアイデンティティーと安心はキリストに根付き、必要だと思える金銭は十分すぎるほどあることに気がついたのです。神の恵みは彼の富に対する姿勢を全く違うものへと変貌させたのでした。

恵みと根深い偶像

ザアカイの心がなぜ変えられたのかを理解するには、偽りの神々が私たちの心に何層にも重なって複雑な偶像礼拝の構造を作り上げていることを考慮しなければなりません。これらの心の奥底にある「根深い偶像」は、私たちが日々仕えているより確固とした目に見える「表面的な偶像」の水面下に存在しています。[46]

私たちの心にある罪は、基本的な動機、衝動に影響を与えるので、自然と偶像的になり、心の奥深くに潜む「根深い偶像」となります。影響力、権力への欲求に強く動機づけられる人たちがいるかと思えば、認められ賞賛されることに興奮する人たちもいます。心身ともに慰められることを何よりも求める人がいれば、何としてでも自分の安全、そしてひいては周囲の環境をコントロールすることに執心する人もいます。権力を根深い偶像としている者は、大きな影響力を手にするためなら多少の不人気も気にしません。ところが人に認められることが行動の動機になっている人はその正反対で周囲によく思われるためなら権力、支配力さえもいとも簡単に手放します。それぞれの根深い偶像、権力、賞賛、慰め、支配、などはそれぞれ違った恐れと希望を生み出します。

「表面的な偶像」は金銭、伴侶、子どもなどで、その奥で私たちの「根深い偶像」が満足を得ようとしています。内面の偶像がどういう構造になっているかという私たちの分析は、大抵の場合表面的です。例えば、金銭が「表面的な偶像」だったら、それはその奥に潜むもっと根本的な衝動を満足させるためのものなのです。自分の周囲や人生をコントロールしたくて、とにかくお金をいくらでも欲しがる人もいます。そういう人は散財しないで、慎ましく暮らします。安全なところに貯金し投資することでこの世界の中で絶対的安心を得られると感じるのです。社会的にある層のグループに属したい、外見の美しさや魅力を手に入れたい、と金銭を欲しがる人がいます。その場合逆に、自分自身への投資とばかりに湯水のようにお金を使います。他者に対する権力を持つためにと経済力を欲しがる人もいます。どのケースにおいても、金銭は単なる偶像としてだけでなくその奥に潜む「根深い偶像」ゆえに、様々な行動パターンを生み出します。

　支配欲という「根深い偶像」に仕えるために金銭を利用する人は、単に権力や社会的認知を得ようという人よりも優越感を感じます。しかしどちらも金銭という偶像の奴隷になり、その人生を歪めてしまっているのは同じです。同僚の牧師がある夫婦をカウンセリングしたときのことです。妻が夫をけちだとなじるこの二人は金銭感覚の違いで衝突していました。その牧師はある日、妻がどれだけの浪費家なのかを苦々しく愚痴る夫と一対一で話していました。「あいつは本当にわがままなんです、あんなに服やら見かけばかりに金をかけて！」妻が自分を魅力的に見せたいということが浪費の動機になっていることが彼には明らかでした。牧師は「表面的な偶像」と「根深い偶像」のコンセプトを彼に教えました。「あなたは貯金として溜め込むことで、つまり一銭も使わないことで、逆にあなたの安心、安全、支配したいという必要を満たそうとしているんです。自己中心的なのは同じです」。幸い彼はカウンセラーの指摘に怒ることなくむしろショックを受けこう言いました。「そんなふうに考えたことは一度もありませんでした」。それから、彼らの結婚生活が変わり始めたのは言うまでもありません。

偶像に対処するには、金銭やセックスといった「表面的な偶像」を単に取り除くだけでは不十分です。真正面から見据えて「こういうものから影響を受けてはだめ。それに自分をコントロールさせてもいけない、だから金輪際一切やめる」と言うことはできるでしょう。しかし、そのような見得を切ってもうまくいきません。「根深い偶像」は心のレベルで取り扱わなければならないからです。しかし一つだけ方法があります。それは福音による信仰を通して扱う方法です。

キリストの貧困

Ⅱコリント8、9章でパウロは教会に貧しい人への献金を要請します。権威ある使徒であるにもかかわらず、彼はこう書いています。「こうは言っても、私は命令するのではありません」（Ⅱコリント8・8）彼はこう言いたかったのです。「あなたたちに命令したくはありません。献金を単なる要請への応答にしてほしくないのです」。また、こう言って彼らの意思にプレッシャーを与えることもしません。「私は使徒だから、言うとおりにしなさい」。それよりもむしろ「あなたがた自身の愛の真実」を確かめたかったという理由で、このような有名な言葉を書き記しました。

あなたがたは、私たちの主イエス・キリストの恵みを知っています。すなわち、主は富んでおられたのに、あなたがたのために貧しくなられました。それは、あなたがたが、キリストの貧しさによって富む者となるためです。（Ⅱコリント8・9）

神であったイエスは永遠の富を持っていました。しかしイエスがそれにしがみついていたとしたら、私たちは霊的な貧困の中で死んでいたでしょう。それは選択でした。イエスが富むことを選んだなら私たちは貧しい中で死ぬ。イエスが貧しさの中での死を選べば、私たちが富む。私たちの罪は赦され、神の家族として迎えられる。パウロはこの教会に単なる倫理的規範を示したのではなく、金銭に執着することをやめ寛容になることを熱心に勧めたのです。言い換えれば、パウロは福音を要約したのです。

パウロはこう言っていました。イエスは天国でのすべての宝を手放した。それは神の民であるあなたたちを宝として手に入れるためだと（Ⅰペテロ2・9〜10）。あなたを宝として手に入れるために死んだイエスを見つめるとき、初めて神があなたのものになります。もはや金銭はあなたの存在価値や安全のためのものでなくなり、むしろ持っているもので他者を祝福したいと思うようになります。福音をどれだけ理解するかによって、あなたに対する金銭の支配力は効力を失って行きます。どれだけの犠牲が払われた恵みだったのかを、熟考するうちに、あなたは寛容な者へと変えられるでしょう。

どうしても出し惜しみする傾向への対策は、キリストはその富をあなたのためにどう使ったのかという福音におけるキリストの懐の深さを再考することから始まります。もはや金銭のことを心配する必要はありません。十字架がまさにあなたへの神の気遣いを証明しているからです。もはや誰の経済状態をもうらやむ必要はありません。イエスの愛と救いが、あなたに金銭では得ることのできない驚くべき地位を与えているからです。究極的には、金銭は、悲劇からあなたを救い出すことも、混沌とした世界であなたに支配権を与えることもできません。それができるのは、唯一、神だけです。私たちを縛る金銭の力を断ち切るものは、私たちがもっとキリストのようになろうとする更なる努力ではありません。むしろ、キリストの救いとは何か、その中で自分の手元には何があるかをより深く知ること、そしてその理解と知識があなたの内面（心、意思、感情）に働き、生き方として現れることです。福音を信じる信仰は、私たちの動機を、自己理解とアイデンティティーを、世界観を、根本から再構成します。こういった心の刷新が完了しないままの行動の変化、とくに規律への従順は表面的で、はかないものでしかありません。

人は偶像を持っている

アンドリュー・カーネギーは、世界でも最も成功した、ＵＳスチール社の前身であるカーネギー鉄鋼会社を創業し、世界の億万長者の一人となりました。成功し始めた頃、弱冠三十三歳にしてカーネギーは厳しく内省し「自分自身へ」の覚え書きを残しています。

人は偶像を持っているに違いない。巨額の富は偶像礼拝の最悪のタイプだ。金銭を崇拝することほど人を堕落させる偶像はない。だからこそ、私が何に携わるにしろ、人格を高める人生を選ぶようによほど気をつけなければならない。思考の中心がいかにして迅速に利益を得るかになり、今まで以上に事業への心労に圧倒されるほどになるなら、私の人としての品位は落ち、回復できる見込みは永久になくなるだろう。三十五歳で事業から引退するつもりだが、それまでの二年間、後継者教育と組織的な読書に午後の大半を当てることにする。[47]

この覚え書きに見られる自己理解と率直さは注目に値します。彼の伝記を書いた一人ジョセフ・フレイジャーはこう言っています。「ロックフェラーもフォードもモーガンもこの覚え書きを書けなかっただけでなく、書いた本人を理解することさえできなかっただろう」[48]。しかしこういった鋭い自身に対する洞察にもかかわらず、それから二年後カーネギーは「事業から引退」することなく、その後、品位を落とすような影響を多く受けた、つまり自身が恐れていた人生を送ることになります。

カーネギーは二千五十九もの図書館を建てたものの、鉄鋼会社の労働者の多くはインタビューにこう答えている。「図書館なんて別に建ててほしかったわけじゃない。それよりも給料をあげてくれたらよかったのに」。当時労働者は二十四時間制シフト勤務で高温の床上で働かなければならなかったため、靴底に木の板を打ちつけなければならないほどだった。非人間的な二十四時間制労働を強いられて、休日は二週間に一度だった。住環境も狭く非衛生的だった。多くが事故や病気により四十代かその前に亡くなった。[49]

序章に紹介したビルは二〇〇八年から九年にかけての金融不況の際、ほとんどの財産を失いました。クリスチャンになって三年目でした。彼は言います。「もしクリスチャンになる前に不況が起こっていたら、自分自身を赦せなかったと思う。酒に溺れ、自殺していたとしてもおかしくない」。ビルにとって、金儲けが自身の価値や徳につながると感じられた時期もありました。経済危機においてそういう霊的な関係を金銭と持っていたとしたら、自分の生きる意義や意味さえも失いかねないことを知っていました。[50]しかし彼のアイデンティティーは変わりました。経済的に成功すること、豊かになることに安住せず、イエス・キリストの愛と恵みに土台を置くことにしたのです。だからこそ、多大な損失にもかかわらず彼はこう言えたのです。「正直に言うけれど、今ほど人生で幸せだと感じたことは、これまで一度もないよ」

アンドリュー・カーネギーは金銭が自分の心の偶像だと知っていました。しかしその根を掘り起こすことはできなかったのです。取り除くことも、植え替えることもできませんでした。言ってみれば代わりの誰かに乗っ取られでもしない限り、偶像は頑として動かないのです。その誰かとは、富んでいたのに貧しくなった方であり、それはまさしく私たちが富むためだったのです。

第4章　成功への誘惑

はかなく散っていく達成感

ポップミュージック界の頂点に立つマドンナは成功への誘惑についてこんなふうに語っています。

私は鉄みたいに固い意志を持っていると思うけれど、それはいつだって、「私は十分じゃない」という恐ろしい感情を乗り越えるためのものだったわ……そういう古い呪文の一つをやっと押しのけると、自分が何か特別な存在だって思えた。でもすぐまた自分なんて何の取り柄もない普通人だっていうところに戻ってしまうの……それも繰り返し何度も。私の人生における全ての動機は、この「普通」になってしまうことへの大きな恐れから来てるわね。自分が「特別な人」になったとしても、それをいつでも証明し続けなければならないから。

こういう私の葛藤はまだ終わってないし、きっとずっと終わらないと思う。[51]

マドンナにとって、成功とは自己達成感、自尊心を与えてはくれるものの、そういったハイな状態、高揚感はすぐに薄れ、繰り返し服用しなければならない、まるでドラッグのようなものでしょう。自分自身を証明しなければならないからです。しかも繰り返し何度も。この突き動かされる衝動は、明らかに喜びではなく恐れからのものです。

映画「炎のランナー」の主役の一人は、そのような哲学を明瞭にとうとうと語るオリンピック陸上選手です。何のために走るのかと問われた彼は、好きだからやってるんじゃない、それよりも「中毒みたいなものかな……」と答えるのです。後に、オリンピック百メートル走を前に彼はこうこぼします。「達成感か！　僕はもう二十四歳なのに、まだ一度だって経験したことがない。きっと永遠に追い求め続けるんだろうけど、いったい何に向かって走っているのか、見当がつかないよ……目をあげて、それからあの四フィート幅のトラックを眺める。自分の存在意義を証明するために、あのたった十秒間のレースにすべてを懸ける。嘘みたいな話さ」[52]

映画監督シドニー・ポラックが亡くなる直前、彼についての記事が書かれました。そこには仕事量を減らすことができず、愛する家族や友人との時間をゆっくり楽しむことさえできない姿が描かれていました。体調が思わしくない中での映画製作で、彼は疲労困憊していました。それは「もし立ち止まったら、自身の存在価値を認められない」からでした。彼はこう説明しました。「映画一本撮り終わるたびに、ああ、これでもう一年ぐらいは、こっちの世界にいさせてもらえるだけの仕事はこなしたかなって思えるんだ」[53]。ということは、同じプロセスをまた始めなければならないということです。

「達成感というのは現代のアルコールみたいなものだ」と、特に企業の執行役員などを担当する産業カウンセラーのメアリー・ベルは言います。

最近では、成功した人間はアルコール依存症にはなりません。むしろ人生自体に依存すると言うか……社会的に成功しているわけですから、当然人生は順風満帆です。一つのプロジェクトを完了すると、ものすごい達成感を感じます。でもそれは永遠に続かないわけですから、また日常がもどってきます。すると「また、新しいプロジェクトに取り組まないと」と考えるのです。それ自体は別におかしくありません。問題は、その多幸感に永遠に浸っていられないことです。もう一回それを感じようとします。でも絶大な多幸感を愛するあまり、もある取り引きにかかわっていて、うまくいかなかったとします。今まで外見上の成功を土台としてきたので、その自尊心はかなり綱渡りの状態です。それで、このサイクルが続くと、だんだんと痛みが増えていくプロセスが始まります。今までの高揚感もそれほど価値があると思えなくなります。過去に失敗したものより、もっと大きい取り引きに成功したとしても、なぜかかつて感じていたような多幸感を得られません。すると、もう日常に戻ることさえできなくなるのです。なぜなら次の取り引きをどうにか成功させることに必死になるからです……「達成感依存症」は、ほかの依存症とそう変わらないのです。[54]

つまり、達成感は「私は何者なのか」という大きな疑問に答えることができないということです。私はどれだけの価値がある人間なのか。死にどう向き合えばいいのか。確かに当初は答えらしきものを、幻想を見させてくれるかもしれません。何とかたどり着いた、仲間に加えてもらえた、受け入れてもらえた、自分自身をほめてあげたいと思える幸福感が最初はあるでしょう。しかし、その満足感もあっという間に色褪せて行くのです。

成功という名の偶像

他のどんな偶像よりも、個人的な成功、業績は私たち自身がまるで神になったかのような安心と価値が、特に自分の知恵、力、言動の内にあると感じさせます。何をするにしても最高の水準に達すること、群を抜いてトップに立つことは、つまりあなたのような人はほかに誰もいないということを意味します。まさに頂点です。

成功を偶像にしている一つのサインは、それがもたらす偽りの安心感です。貧困に喘ぐ、ぎりぎりのところで何とか生きている者たちは、常に苦しみを予想します。この世の人生が「みじめで、残酷で、はかない」と知っているからです。成功者は反対に問題が起きるとショックを受け圧倒されます。悲劇に直面し「人生こんなはずじゃない」と牧師の私に言うのは、だいたいそういった成功者たちです。私は牧師人生の中で、そんな言葉を労働者や貧困層の人たちから聞いたことがありません。達成感を神格化することで偽りの安心感が生まれ、人生の困難から守ってくれるだろうと期待するのです。実際はそんなことは神にしかできないのに、です。

もう一つのサインは、自分を見る見方が歪むことです。達成感が人としての価値を決める土台となるなら、自分の能力に対する見方は風船のように膨らんでいくでしょう。あるジャーナリストから聞いた話です。彼女はあるディナーパーティーで、非常に成功した裕福な起業家と同席していました。彼は一晩中テーブルでの会話を独占しましたが、自分の専門である経済、財政問題以外に関する話題は皆無だったそうです。たまにインテリアデザイン、男子校、女子校の是非について、あるいは哲学などの話題を振られると、自分の意見がまるで同じように見識と権威あるもののように振舞ったそうです。もし成功が成功以上の意味を持つようになると、つまりあなたの価値、意義をはかる道具になると、一つの限られた分野での成功がまるで、人生全般における成功であるかのような錯覚を与えるようになるのです。もちろん、これは様々な間違った選択や決断へとつながります。このような自分に対する歪んだ見方は、聖書が言うように、偶像に伴われた現実への盲目です（詩篇135・15〜18、エゼキエル36・22〜36）[55]。

しかし、成功という偶像にとらわれた一番のサインは、自分の選択した分野においてトップに居続けないと、人生の敗者であるかのように思ってしまうということでしょう。クリス・エバートは一九七〇年代から八〇年代にかけてトップテニスプレーヤーでした。現役時代の対戦成績は女子テニス界史上最高記録でした。しかし引退を考えだした彼女は呆然としました。インタビューでこう答えています。

自分がいったい何者なのか、あるいはテニスから離れて何ができるのか、まったくわかってなかった。それまで自分がテニスチャンピオンだということ中心に人生が回っていたから、とにかく落ち込んで怖くなって、どうしようもない敗北感に襲われたわ。今まで勝つことで自分が何者かということを示してきたし、そんな自分が誇らしかった。まるでドラッグにはまったみたい。自分のアイデンティティーを保つためには、勝つこと、称賛を受けることが、私にはどうしても必要だったの[56]。

私の友人に、ある専門分野のトップに立った人物がいます。しかし処方薬の依存症により辞職、薬物乱用患者のためのリハビリ施設入所を余儀なくされました。常に生産的で、行動的で、活発で、知的でないといけないという周囲からの期待が、この依存症の一つの原因でした。しかし彼は周囲に責任転嫁することなくこう言いました。「私の生活は二つの前提の上に成り立っていた。一つ目は私に対する他人の評価を自分の業績によってコントロールできるという考え。もう一つは、それが私の人生のすべてだという考えだった」

こういう種類の偶像礼拝が個人にのみ起こると思うのは間違いです。専門集団全体がそのすべての技術と信念を武器に、自分たちこそ世界の希望、救いと思わせるのです。科学者、社会学者、療法士、政治家などは、自分が達成できることに限界があることを認めるでしょうか、それとも私こそあなたを救う「救世主」だと主張しないでしょうか。人類の問題を解決するのに政治理念や技術の推進がどれだけ助けになるかについては、まず控えめで謙遜な姿勢があるべきです。

競争の文化

現代社会は特に成功を偶像にしやすいもろさを持っています。ピーター・L・バーガーは著書

『故郷喪失者たち――近代化と日常意識』の中で、伝統的文化においては個人の価値が「名誉」にあったことを指摘しています。共同体において与えられた役割を十分に果たすなら、それが一般市民であろうと、父親、母親、教師、支配者であろうと、その者に名誉が与えられるのです。一方、個人主義的な現代社会は「尊厳」を土台としています。どの個人も自身のアイデンティティー、自分自身をどんな社会的な立場や制約からも離れて自由に成長させられるという考えです。[57]そのようにして現代社会は個人に、その価値を個人的な達成によって証明するように大きなプレッシャーを与えます。善良な一市民や家族の構成員であるだけでは不十分なのです。競争に勝ち抜き、トップに立ち、最優秀者の一人として認められなければなりません。

デービッド・ブルックスはそれを、著書『楽園への衝動』で「子供時代からの職業化」と呼んでいます。子どもは幼い頃から両親と学校という同盟によって競争社会のプレッシャーを与えられ、どの分野でも最高の水準に達するよう仕組まれています。ブルックスはこれを「巨大な集団機構による……達成を追い求める過酷なトライアスロン競技」と呼びます。[58]家族はもはやクリストファー・ラッシュがかつて呼んだような「心ない世界での天国」ではなく、弱肉強食という人生に何とか平衡を保たせる場所、成功を欲しがる者がまず食べさせてもらえるような飼育所になったのです。

このような高い基準をクリアし何かを達成することへの驚くほどの強調は、若い世代で特に大きな影響を及ぼしています。二〇〇九年春、ウェイクフォレスト大学の学長、ネイサン・ハッチは過去数年多くの教育者たちが見てきた驚くべき事実を認めました。ファイナンスやコンサルタント、企業法律界、特殊医療などの職がもたらす高給とステイタスに惹かれて、必要以上に多くの若者がそれらの分野に集中したというのです。学生たちは意味や目的などの大きな疑問にはそれほどの関心を示さないとハッチは言います。それはまさに、彼らが「どんな職業が人類にとって有益か」ではなく、「どんな職業が私にとって有益か」という質問に答えるべく専門分野を選んでいるからだというのです。結果、それぞれの職種に対する大きな不満があちこちでわき上がっています。ハッチは二〇〇八年から九年にかけての経済不況が、逆に学生たちの職業選択の前提を根本から見直すきっかけになればと願っていました。[59]

私たちの周囲のすべての文化がこの偽りの神を受け入れるよう迫ってきます。私たちはどのようにこの罠から逃れればいいのでしょうか。

成功した死者

旧約聖書Ⅱ列王記5章で記されているナアマンは、当時の社会でも最も成功した権力者でした。今で言えば、理想のライフデザインを遂げた人というところでしょうか。今日シリアと呼ばれるアラムの国軍の将軍でした。シリア王が公務を行う際、彼の「腕に寄りかかる」ほどであったことから、今で言う一国家の総理大臣と同地位にあったと思われます（Ⅱ列王5・18）。裕福で、数々の名誉を受けた堂々とした将軍でした。しかしこのようなすばらしい成功と能力は今や風前の灯でした。

アラムの王の将軍ナアマンは、その主君に重んじられ、尊敬されていた。主がかつて彼によってアラムに勝利を得させられたからである。この人は勇士で〔あったが〕、ツァラアトに冒されていた。（Ⅱ列王5・1、〔　〕内は訳者による付加）

Ⅱ列王記の著者が様々な栄誉と達成を述べたあと突然、それらにかかわらず、生ける屍のように表していることがおわかりになるでしょうか。聖書中の「ツァラアト」とは、ゆっくりと身体を蝕み、身体の機能を損なっていく様々な病を意味しました。それは現代で「がん」と診断されるのと同じような重い響きを持っていました。ナアマンの身体はまるでスローモーションで爆発していくようなプロセスをたどっていました。身体のあちこちの皮膚と骨に不具合が生じ、少しずつ、じわじわと死に至るのです。ナアマンはすべてを手に入れていました。富、権力、名声、しかしそのすべての中で、文字どおり崩れ落ちていくプロセスをたどっていました。

成功への衝動の裏にある動機の一つは、「インナーリング（内輪）」に入れるという希望だと、同名のその有名な著作において、C・S・ルイスはその深い洞察をこう書き記しています。

経済的なあるいはロマンチックな動機がこの世のすべてだなどと、私は信じていない。むしろ、欲望……様々な形式をとるが内側に属したいという思い、……四、五人の私たちだけしか知らないといったおいしい情報を欲しいと願う思いならわかる。そういった欲望に支配される限り、あなたは決して満足できないだろう。アウトサイダー（部外者）になること、なり続けることへの恐れを克服しない限りは……

ルイスは「なり続けること」という言葉で何を言わんとしているのでしょうか。ナアマンは成功と富と権力を手にしたものの、同時に死に至る病をも得ていました。成功、富、権力は、彼に最も排他的な社交界、内輪に入ることのできるパス、つまり究極のインサイダーとしての地位を与えたはずでした。しかし、当時感染すると思われた病は彼をアウトサイダー、部外者にしたのでした。彼の成功はすべて無力でした。社会的に孤立し、精神的に絶望に追いやられている彼に何の助けにもならなかったからです。

この中で、ナアマンの話はたとえとしてとらえられています。「部外者」だという思いをどうにかして取り払うために成功を追い求める人が多くいます。成功さえすれば、会員制クラブ、社交界、影響力のある人間関係への鍵を握ることができると信じているのです。そうなればついに社会の中心から存在を認められたと考えるのです。確かに成功はそういう道を約束してはいますが、最終的に救いを与えることはできないのです。ナアマンの病気は、成功が私たちの求める満足を結局は与えることができないということのいい例です。成功者の多くが、成功してもなおまだ「部外者」のように感じ、自分自身を認めることができないでいると言っています。

間違った場所で捜す

アラムはかつて略奪に出たとき、イスラエルの地から、ひとりの若い娘を捕らえて来ていた。彼女はナアマンの妻に仕えていたが、その女主人に言った。「もし、ご主人さまがサマリヤにいる預言者のところに行かれたら、きっと、あの方がご主人さまのツァラアトを直してくださるでしょうに」（Ⅱ列王5・2～3）

ナアマンの妻は、奴隷の少女からイスラエルにいる預言者のことを聞きます。わらをもつかむ思いでナアマンはその預言者エリシャに癒してもらうためにイスラエルに出発しました。ナアマンは「銀十タラントと、金六千シェケルと、晴れ着十着とを持って」行き、アラム王からのイスラエル王宛の手紙も携えました。その手紙には「さて、この手紙があなたに届きましたら、実は家臣ナアマンをあなたのところに送りましたので、彼のツァラアトを直してくださいますように」（Ⅱ列王5・5〜6）とありました。イスラエル王のもとに直行したナアマンは手紙を渡し、金銀をささげました。ナアマンは、こういう富と名誉さえあれば、イスラエル王は預言者に自分を癒すよう命令してくれるだろう、そうすれば病気が治って故郷に帰れると思っていました。

　ナアマンは王から王への貴重な推薦状さえあれば自分の病は治ると思っていました。自分の成功を使えば、この病気という問題も解決できると思っていたのです。ナアマンは、神にしかできないことがある、ということを理解していませんでした。奴隷の少女がナアマンに言ったのは、単純に「イスラエルの預言者のところに行ったら」というものでした。直接預言者のところに行って、直してもらうよう頼んでみるということです。しかし、それはナアマンの世界観には合わない見方でした。かわりに、金銀を積み上げて、できる限り高位からの推薦状を持って、イスラエルの王という、これまたその国のトップに謁見しました。イスラエル王は、これを快く思いませんでした。

　イスラエルの王はこの手紙を読むと、自分の服を引き裂いて言った。「私は殺したり、生かしたりすることのできる神であろうか。この人はこの男を送って、ツァラアトを直せと言う。しかし、考えてみなさい。彼は私に言いがかりをつけようとしているのだ」（Ⅱ列王５・７）

ナアマンとアラム（シリア）王はイスラエルの宗教も、他の地域の宗教と同じように機能しているのだと思い込んでいました。彼らの宗教観は一種の社会的コントロールでした。宗教が機能するシステムの中心は、もし、あなたが良く生きるなら、神々、あるいは神があなたを祝福し、繁栄させてくれるといった考えでした。当時、社会的に最も成功した人物が神に最も近い存在だと考えられていたのは自然なことでした。そういった成功者なら神から何でももらえると思っていたのです。だから伝統的宗教はいつも、部外者や失敗者ではなく成功者を通して神が働くと期待します。そういうわけでナアマンは王のところに直行したのでした。

しかしイスラエル王は、手紙を読んで自分の服を引き裂きました。アラム王はイスラエルの神を理解できないし、イスラエル王は、ナアマンの癒しを神に命令できる立場にはないと知っていました。イスラエルの神は、リードにつながれていて、人が金で釣ったり、なだめすかしたりできる存在ではありません。宗教の神々はコントロールできます。一生懸命働き、ささげるなら、彼らは私たちを祝福しなければなりません。しかしイスラエルの神にはそのようなアプローチは効きません。何であれ、神が与えるものは恵みによる贈り物なのです。

イスラエル王は「私は神なのか。誰かを殺したり、生かしたりできるのか」と嘆きますが、それはナアマンの心の問題を指し示していました。ナアマンは成功を偶像にしていました。それまでの業績をもとに、「成功者」としてのステイタスを示せば何でも必要なものが手に入ると思っていました。しかし、成功、富、権力のどれも「人を殺してまた生かす」ことはできません。

この箇所を何年も調べれば調べるほど、私のナアマンに対する尊敬の思いは深まります。彼は本当によくがんばり、成功した人物でした。しかしそれでもここから言えるのは、それほどの人さえ神を見つけるということに関しては、これっぽっちの妙案さえ浮かばなかったという事実です。しかし彼をこき下ろすのはやめておきましょう。単に彼は与えられたチャンスを生かして、コネを使い、多額の金を払ってトップに立ちました。こうやって今まで社会の大物たちとやりとりしてきたのです。そのように神にもアプローチするのが彼にとっては自然でした。しかし聖書の神は、全く違う存在です。ナアマンは飼いならされた神を予想していましたが、聖書の神は野生なのです。ナアマンは、神に借りをつくらせるつもりでしたが、この神は、恵みをもってすべての人の代わりに債務を負ってくれる神でした。ナアマンは一人一人が信じる自分だけのプライベートな神を追い求めていましたが、この神はすべての人のための神でした。私たちがそれを意識しようとしまいと。

何かすごいこと

神の人エリシャは、イスラエルの王が服を引き裂いたことを聞くと、王のもとに人をやって言った。「あなたはどうして服を引き裂いたりなさるのですか。彼を私のところによこしてください。そうすれば、彼はイスラエルに預言者がいることを知るでしょう。」こうして、ナアマンは馬と戦車をもって来て、エリシャの家の入口に立った。（Ⅱ列王５・８〜９）

ナアマンはエリシャの家に行きましたが、ショッキングな出迎えを受けました。払われた敬意を無視するかのように、預言者は家から出てこようともしなかったのです。単に使いをよこしてこう言わせました。第二のショックはそのメッセージの内容です。

〔使いの者は言った。〕「ヨルダン川へ行って七たびあなたの身を洗いなさい。そうすれば、あなたのからだが元どおりになってきよくなります。」しかしナアマンは怒って去り、そして言った。「何ということだ。私は彼がきっと出て来て、立ち、彼の神、主の名を呼んで、この患部の上で彼の手を動かし、このツァラアトに冒された者を直してくれると思っていたのに。

ダマスコの川、アマナやパルパルは、イスラエルのすべての川にまさっているではないか。これらの川で洗って、私がきよくなれないのだろうか。」こうして、彼は怒って帰途についた。そのとき、彼のしもべたちが近づいて彼に言った。「わが父よ。あの預言者が、もしも、むずかしいことをあなたに命じたとしたら、あなたはきっとそれをなさったのではありませんか。ただ、彼はあなたに『身を洗って、きよくなりなさい』と言っただけではありませんか」（Ⅱ列王5・10〜13）

ナアマンはエリシャが金を受け取り、何か魔法のような儀式を行うことを期待していました。あるいはエリシャが金を受け取らなかったとしても、癒されるためには少なくともナアマンが「何かすごいこと」をするよう要求するだろうと考えていました。しかしエリシャが言ったのは、ただ行ってヨルダン川に七回身をひたすようにということでした。これにはナアマンも激昂しました。

なぜでしょうか。繰り返しますが、ナアマンの世界観は根底から覆されたのです。この神はただの文化的象徴を超えた、いやむしろ文化を変貌させるほどの、人間などに支配されない聖なる主なのだと気づかされたのです。ナアマンは今や恵みによってしか人とやりとりしない、この神と対決させせられていました。誰も神を支配できない、そして、誰もその祝福と救いを自分の力で達成し勝ち取ることはできない、という二つがセットになっているのです。ナアマンが怒っていたのは、何かすごいことをするように頼まれるだろうと思っていたからです。例えば西の魔女から魔法のほうきを取り戻すとか、ドーム山へ魔法の指輪を戻すとか、そういう何かです。そういうことなら彼の自尊心と世界観は危機に陥らなかったでしょう。しかし、エリシャのメッセージは侮辱でした。「どんな愚かな者でも、子どもでも、誰だってヨルダン川に入って、水を浴びるくらいできるじゃないか」。ナアマンは心の中で毒づいたことでしょう。「何の能力も才能も全くいらないじゃないか！」　そのとおりです。それが良い者にも悪い者にも、弱い者にも強い者にも同じように誰にでも与えられた救いの姿です。

ナアマンが神は恵みの神で、その救いは勝ち取るのでなく、単に受け取るのだとわかるまで、自分の偶像の虜（とりこ）になり続けました。その偶像を使って生きる安心や意味を見出そうとしましたが、当然究極的には与えられません。神の恵みを理解してこそ、彼のその成功が神からの一方的な贈り物だと理解することができるのです。そうです、ナアマンは成功を獲得するために労苦を惜しみませんでした。しかしその才能も能力も機会さえも神が彼に与えたものでした。それまでの人生すべて、神の恵みによって支えられてきたのに、彼にはそれが見えませんでした。「行って身体を洗いなさい」という命令は、あまりにも簡単すぎて、信じて従うことができませんでした。それをするためには、ナアマンは自分が絶望的で弱く、救いを一方的に恵んでもらうような存在だということを認めなければなりませんでした。神の恵みが欲しいなら、必要なのはただ一つ、恵みが自分に必要だと認めることであってそれ以外何もありません。しかし、そのような霊的な謙虚さは、実はかき集めることさえ困難です。私たちはどちらかと言えば神のもとにやって来て「見てください、これだけのことをしてきました」とか「見てください、こんなに苦しんできたんですよ」と言いがちです。しかし神は、私たちに神自身を見上げ、ただ身を洗うことを求めます。

ナアマンは「必死にしがみついていた自分の行い」を脇に置くことを知る必要がありました。古い讃美歌にあるとおりです。

しがみついていた　自分の行い
イエスの足下に　捨て去ろう
イエスとともに
イエスにあってのみ　立つ　この身こそ
栄光もって　完全にされる

苦しみにあった小さなしもべ

聖書のどこであっても、神の恵みと赦しが、受ける側には無償であるのに、与える側には常に高い代償がつくという点が特に強調されています。聖書の初めの部分からすでに、神は犠牲なしに赦すことはできなかったと理解されていました。深刻な不正を犯された者は、加害者を単純に「赦す」ことはできません。あなたがもし金銭、機会、幸福を奪われたら、加害者に弁償させるか、水に流して赦すかのどちらかです。しかし、もし赦すことを選んだら、それはあなた自身がその損失と負債を被るということを意味します。自分だけで忍耐するのです。だから、すべての赦しは、高くつくのです。[60]

この基本的な理念に、聖書の著者たちがしばしば戻って来ることは注目に値します。このケースにおいても、ナアマンが祝福を受けるために、誰かがかわりに忍耐と愛をもって苦しみを受けなければなりませんでした。あまりにも早く現れ、去っただけの人物だったので、その存在がさほど印象に残らない登場人物です。誰でしょうか。それはシリア軍の略奪隊によって捕らえられ、ナアマンの妻に仕えていた少女でした。その家族も皆捕らえられ、あちこちに奴隷として売られていたとしたら、まだ良いほうです。最悪の場合、彼女の目前で殺害された可能性もあるのです。

このケースでの彼女はシリアの社会構造で下層の下層に位置していました。人種としても部外者、奴隷、女性、たぶん十二歳から十四歳くらいだったと思われます。つまり、彼女の人生はその年にしてすでに崩壊していたのです。それは誰のせいだったでしょうか。将軍ナアマン、軍の最高幹部です。しかし、彼女は宿敵が重い病に冒されたと知ってどんな反応をしたのでしょうか。

成功を目指し、突き進むものの、実は自身が階層の最下層にいることに気づくという現実は、大抵私たちの態度を皮肉に満ち斜に構えたものにします。必死で周囲を見回し、自分の失敗の責任を転嫁しようとします。復讐の幻想に酔いしれることもあるでしょう。しかしこの奴隷の少女はその罠に陥りませんでした。「病気だって！　だんだん身体が弱っていく。いい気味だ、あいつの墓の周りで踊ってやる！」とでも言ったでしょうか。そんなことはありませんでした。彼女の言葉を見てください。「もし、ご主人さまがサマリヤにいる預言者のところに行かれたら」です。同情と心配が見て取れる言葉です。その苦しみから主人を何とかして助けてあげたいという思いでいっぱいだったのでしょう。預言者のことを彼に教える理由はほかにありません。考えてもみてください。ナアマンのいのちは今まさに彼女の手中にありました。彼女はナアマンが救われる方法を知っているのです。そしてそれを教えさえしなければ、彼の苦しみをさらに恐ろしく倍増させることができました。彼の犯した罪の高い代償を支払わせることができたのです。彼が彼女にしたことと同じことを彼にも負わせることができたはずでした。彼女を痛めつけた彼を、今や彼女が痛めつける番でした。

しかし、そうしなかったのです。この聖書の目立たないヒロインは、敵に弁償させることで自分の苦しみを癒そうとはしませんでした。聖書全体が私たちに語っていることをしたのです。復讐を求めず、すべてのさばきについて神を信頼しました。彼を赦し、その癒しと救いのために行動しました。神を信頼し、忍耐をもって苦しみをあえて受け止めたのです。英国の説教者、ディック・ルーカスがかつて彼女についてこう言っています。「代償を払って、だれかの役に立つことを選んだ」。彼女は、神がどれだけその犠牲を用いるか知らずに、苦しみ、赦したのです。[61]

苦しみにあった偉大なしもべ

赦しはいつも苦しむしもべを伴う、という一貫した聖書のテーマは、この世界を救うために苦しみを受けるしもべという預言を成就するイエス（イザヤ53章）において頂点を迎えます。イエスは父なる神との喜びと栄光のうちに生きたその人生を、一度に失いました。人間になり、しもべとなり、殴られ、捕らえられ、死へと追いやられました。イエスを否定する者もいれば、裏切った者もいました。そして誰もが見放した中、イエスは友と呼ばれる人たちを十字架上から見下ろし、代償を支払いました。彼らを赦し、彼らのために十字架上で死んだのです。十字架において、私たちが誰かを赦すときしなければならない行為が、神によって宇宙的な規模でなされたのです。そこで神は罪に対する罰と負債に自身を浸しました。神が支払いました。私たちが支払わなくてもすむためにです。

単に自分を叱りつけることで、成功を偶像とし、礼拝することから逃れることはできません。一九九〇年代終わり、ドットコムクラッシュと二〇〇一年九月十一日以前、成功と物質主義への過度な強調が明らかにされたハリエット・ルビンによる記事が、雑誌「ファストカンパニー」に掲載されています。

私たちは、虜になる全てのものの中で……成功についていちばん偽っているだろう。成功とその周辺にある金銭は私たちに安全を与える。成功とそれがもたらす権力は私たちを重要な者にする。成功とそれに伴う名誉は私たちに幸福感をもたらす。でも本当のことを言うときが来た。なぜ私たちの世代の最も優秀で才能にあふれ成功した人たちが、過去に見ないほどの数で、破滅に手を出すのだろうか。誰もが金銭、権力、栄誉を得るためにどんな手段でも使おうとしている、そしてそれは破滅への道でもあるのだ。実は最初からそんなものは欲しくなかったのかもしれないし、あるいは、やっと手に入れてみて初めて、こんなものだったらいらなかったと思うのかもしれない。[62]

この記事が書かれて間もない二〇〇〇年から二〇〇一年の緩やかな景気後退期にも、私たちの文化がいかに成功に依存するようになったかについて、似たような嘆きがあちこちで多く見られました。私たちはいつから成功とそれがもたらす「仲間たち」を社会の偶像にしてきたのでしょうか。二〇〇一年には九・一一事件が起き、メディアはそれを「アイロニーの終焉」と呼びました。そして今や私たちは勤勉に働き、謙虚な願いを持って、満足することを先延ばしにするという伝統的な価値観に戻るだろう、と言われていました。しかし二〇〇八年から二〇〇九年に世界的な経済不況が起きると、私たちの文化は前の依存状態に戻っていたことが明らかになりました。

成功という偶像は退場させるだけでなく、その座に何かを置き換えなければなりません。ある特別な価値がある対象を支配したいという人間の心の欲求は、あるいは乗り越えられるかもしれませんが、その心の必要、そのような何かに対する必要は克服することができません。[63] 私たちが足りない者であるという感覚から解放されるために、あるいは、私たちの人生に意義を見出すために私たちは「何かすごいこと」をしなければならない、と考えます。その成功への固執から私たちはどのように解放されるのでしょうか。それは唯一、私たちの偉大な苦しみにあったしもべ、イエスが私たちのために何をしたかに目を留めるときに、ついに理解することができるのです。神の救いは私たちに「何かすごいことをする」ことを課してはいないと。私たちはもはやそんなことをしなくていいのです。なぜならイエスがしたからです。イエスが私たちのために達成したことを頭で信じ、その事実に心動かされるとき、どんなことをしてでも成功しなければならないという必要と依存が私たちから切り離されていくのです。

偶像礼拝の終焉

ナアマンは心を入れ替え、ヨルダン川に下りました。結果は驚くべきものでした。

そこで、ナアマンは下って行き、神の人の言ったとおりに、ヨルダン川に七たび身を浸した。すると彼のからだは元どおりになって、幼子のからだのようになり、きよくなった。そこで、彼はその一行の者を全部連れて神の人のところに引き返し、彼の前に来て、立って言った。「私は今、イスラエルのほか、世界のどこにも神はおられないことを知りました。それで、どうか今、あなたのしもべからの贈り物を受け取ってください。」神の人は言った。「私が仕えている主は生きておられる。私は決して受け取りません。」それでも、ナアマンは、受け取らせようとしきりに彼に勧めたが、彼は断った。（Ⅱ列王5・14～16）

聖書の救いの物語は、私たちの成功への崇拝をどの部分でも凌駕します。ナアマンは癒されるために奴隷の少女の言葉を、後にエリシャのしもべの言葉と、ついに自分自身のしもべの言葉を受け入れました。当時そのようなしもべは、高貴な人物のペットや荷物運搬の家畜以下と見なされていました。しかし神はその救いのメッセージをそのような者たちを通して伝えたのです。答えは宮殿からではなく奴隷の家から送られたのです！　このテーマの究極的な模範は言うまでもなくイエス・キリスト自身です。ローマ、アレクサンドリア、中国ではなく、田舎の植民地に現れたのです。宮殿ではなく、家畜小屋の飼い葉桶に産まれました。

宮廷でも宮殿でもなく
王室のカーテンの奥でもなく
飼い葉桶を探して、
わらの上に寝かされた
あなたの神を見いだせ
　　――ウィリアム・ビリングス

その宣教期間中通して、弟子たちはイエスに問い続けました。「いつになったら、あなたのその力を見せてくれるのですか。いつになったら、普通の人たちと親しくつきあうのをやめるんですか。ネットワーキングや資金集めは、いつ始めるんですか。議員立候補はいつ？　予備選挙は？　特集番組の収録はいつですか」。しかし、イエスはただ謙虚に仕え、そして捕らえられ、拷問を受け殺されました。死からよみがえったときも、最初に現れたのは女性にでした。当時何のステイタスもない人たちです。イエスの救いは力を通してではなく、弱さと必要を認めることを通して受けることができます。イエスの救いは力ではなく、降伏、奉仕、犠牲、死を通して達成されました。これは聖書の偉大なメッセージの一つです。神は、強い者をはずかしめるために、この世の弱い者を選んだのです。また、この世の取るに足りない者や見下されている者を選びました。すなわち、ある者をない者のようにするため、無に等しい者を選んだのです（Ⅰコリント1・27～28）。これが、神のやり方です。

第5章　権力と栄光

世界を手に入れる

ヨーロッパが第二次世界大戦に突入する直前、オランダの歴史学者ヨハン・ホイジンガはこう書いています。「私たちは取りつかれた世界に住んでいる。そして、そのことを知っている」[64]。ナチスが国家と民族への愛を宣伝するのに躍起になっていた時代です。しかし、この「国への愛」を追い求めるあまり、彼らの愛国心は悪魔的、破滅的なものへと変貌していき、ついには本来自身が求めていたものとは真逆、つまり国家としての栄誉の代わりに、永遠の恥を手に入れるはめになりました。

一七九四年、フランス独立革命の主導者マクシミリアン・ロベスピエールは議会でこう述べました。「我々が向かっている先のゴールは何だ？　自由と平等のもたらす平穏な喜び……そして恐れだ、それは迅速で厳格で毅然とした正義にほかならない」[65]。しかし、彼の言う「恐怖政治」

は恐ろしく不条理で、ついにはロベスピエール自身がスケープゴートになり裁判なしにギロチン刑に処されたほどでした。「自由と平等」は確かにすばらしいけれど、再び私たちはここに何かが間違って進んでしまった事実を見るのです。高貴な理念が「支配され」、狂気に満ち、究極的には革命が目標とした正義とは正反対の結末を見ることになります。

何が起きたのでしょうか。偶像礼拝です。民族への愛が絶対的になると人種差別を引き起こします。平等への愛が最高権威への執着に変わり、特権階級なら誰にでも憎悪と暴力を向けるようになります。健全な政治的指向が偽りの神々を生み出すきっかけになるのは、人間社会の常とも言えます。前述したように、アーネスト・ベッカーは神という現実を失った社会において、かつて多くが宗教的経験に見出していた満足を恋愛に見出そうとするようになったと言いました。しかし、ニーチェは神の代替は金銭になるだろうと考えていました。そして、心の空虚を埋めようとする、もう一つの代替物があります。政治です。私たちは政治的リーダーに「救世主」としての姿を求め、政治的理念に救済の理念を見出し、政治的運動を宗教的活動にしようとするのです。

政治的偶像の兆候

ある対象が偶像として機能するようになる兆候の一つは、恐れが人生を形作るおもな傾向の一つになることです。私たちが偶像を中心とした生活をし始めると、それに依存するようになります。その偶像が奪われ、倒されそうになると、私たちはとにかくパニックするという反応を見せます。「参ったな、難しいな」というよりは、むしろ「もう終わりだ！　絶望的だ！」という言葉が口をついて出るのです。

だから昨今米国政治の傾向に対して、多くの極端な反応が見られるのではないでしょうか。選挙でどちらかの党が勝利するやいなや、敗北した党の党員や支持者の一部が、国を離れると公言します。なぜならこれからの将来を想像し、動揺し、恐れを抱くからです。政治的リーダーと政治そのものに、かつて、神とその福音の働きだけに取っておかれた希望を見出そうとするからです。政治的リーダーが権力を失うと、まさに死を経験します。自分の政治理念と自分が支持する人たちが力を持っていないと、すべてが崩壊すると信じているからです。相手の党と実際には賛同している部分については、認めようとしません。むしろ反対意見にだけ注目します。論争のポイントは他のあらゆる分野を覆い、毒気のある論壇だけが整います。

政治における偶像礼拝のもう一つの兆候は、論客を単に誤っているだけでなく、悪とまで見なすことです。ある大統領選後、私の当時八十四歳になる母はこう言いました。「以前は大統領として選ばれたのだったら、自分の投票した人でなくても、大統領として受け入れたものだけど、最近は違うのね」。選挙のたびに、今やかなり多くの人たちが次期大統領の道徳的立場の不十分さを唱えています。　今日の米国政治にますます見られる政治的分裂と敵意は、政治活動そのものを宗教化した兆候です。偶像礼拝はどのようにして恐れとそのような悪魔化を生み出すのでしょうか。

オランダ系カナダ人哲学者アル・ウォルタースは、聖書的世界観の中で、主要な問題は罪であり、唯一の解決は神とその恵みだと教えています。この見方に対するもう一つの選択肢は、罪以外の何かを世界の中から取り上げて問題だと指摘し、神以外の何かを主要な治療法とすることです。それは、さほど悪くなかったものさえ究極の悪に変え、究極的な善ではない何かを偶像としてあがめます。ウォルタースはこう書いています。

非常に危険なことは神の造られた良い世界の或る側面、または、或る現象を取り出して、それを人間生活というドラマの悪役に仕立ててしまうことです。人間の背信という外部からの侵入者こそ悪役に仕立てられて然るべきなのですが……この「或るもの」は……身体とその情欲（プラトン、及び、多くのギリシャ哲学）、自然と区別された文化（ルソー、及び、多くのロマン主義者）、特に国家、家庭における制度的権威（哲学的アナーキズム、及び、多くの深層心理学）、テクノロジー、及び、経営管理術（ヒデッガー、エリュール、他）等々、様々な形で現れてきています。……聖書は……神の造られたものの一部を悪役、或は、救い主に仕立てようとする全ての試みを妥協の余地なく拒否します。[66]

これが常に希望と幻想が打ち砕かれる政治的なサイクル、ますます毒気を含む政治演説、支持政党が敗退したときの過度の恐れと絶望などの原因と言えます。しかし私たちは、なぜそれほど政治的活動、主張を神格化、あるいは悪魔化するのでしょうか。ラインホルト・ニーバーは政治的偶像礼拝について、私たちが権力を神にするからだと答えています。

権力への崇拝

ラインホルト・ニーバーは二十世紀中頃の傑出したアメリカの神学者でした。すべての人間は何かに依存しなければならない無力な存在だという事実に葛藤すると考えていました。エデンの園で人間の直面した初めての誘惑は、神が私たちに設けた限界を拒否することでした。（「しかし、善悪の知識の木からは取って食べてはならない……」創世２・17）そして「神のように」なることを求めました。自分自身の運命を支配する力を得るためにです。この誘惑に負けて、それは今や私たちの性質になりました。私たちが有限で神に依存する存在だということを受け入れるよりも、必死になって自分には自身の人生を支配する力がまだあるのだと確信する道を探るのです。しかし、たとえ、そうできたとしても、それは幻想にすぎません。ニーバーは、この普遍的な不安感は「権力への意志」を生み出し、私たちの社会的政治的関係を支配すると言いました[67]。そのシステムがどのように機能するかについて、彼は二つの方法があると観察しました。

まず、民族の誇り自体は悪いことではないこと、しかし、国家の権力と繁栄が絶対的な権威となり他のすべての意見を覆すようなことになれば、暴力と不正がなくならないだろうということ[68]。これが起こるとどうなるか、オランダの学者ボブ・ハウツワールトはこう書いています。

……すると目標が、すべての手段を無差別に正当化するようになる。……自然環境破壊や、個人あるいは一集団の人権侵害を、国家の物質的繁栄のためにあくまでも正当化するなら、その目標は偶像になる。言論の自由や正当な裁判過程を奪い、少数民族を虐待しても国家安全保障のために正当化するなら、その目標は偶像化したのである[69]。

ニーバーは全国家あげてその「エゴ」に協力すると、個人で行うのと同じように、一国の文化が優越感と劣等感両方のコンプレックスを持つようになると言います。例えば、米国は「自由の国」という自身のイメージに誇りを持ちすぎたために、アフリカ系アメリカ人に対する自身の偽善的人種差別に、国民の多くが気づきもしませんでした。また、社会は劣等意識というものを持ちやすく、攻撃的で交戦的になります。一九四一年にこの本を書いたニーバーにとって、権力を偶像化するわかりやすいケースの一例としてあげられるのがドイツのナチスでした。第一次世界大戦後のドイツの屈辱は社会全体に蔓延し、その権力と優越性を世界に見せしめるという熱心さに変わりました。[70]

ある対象に価値を置くことと、その価値を絶対的なものにすることの間に明確なラインを引くのは簡単ではありません。同じように愛国心がどこから人種差別、圧政、そして帝国主義へと変わっていくのかをはっきりと説明する手段はありません。しかし、一国家がまるで滑りやすい坂を下っていくようなことがあるのも、否定できません。愛国心の様々な表現自体が悪なのだと、ただ笑い飛ばすのでは何の解決にもなりません。繰り返しますが、もともと良いもの、必要なものが変貌した結果、偶像になったのです。Ｃ・Ｓ・ルイスが鋭くこう指摘しています。

衝動の中のあるもの——たとえば母性愛とか愛国心——は善で、他のもの——たとえば性衝動や闘争本能——は悪だと考えるのは誤りである。……妻に対する性的欲望を強めることが夫の義務であり、敵に対する闘争本能を助長することが兵士の義務である、という場合もありうる。また、自分の子供だけをかわいがる母性愛や自分の国だけをひいきする愛国心は、これを抑えないと、よその子供たちやよその国に対する不公平を生む、ということにもなりかねない。[71]

理念を偶像化する

ニーバーは「権力への意志」と言えるもう一つの形を示唆しています。人ではなく、政治的理念を救済信仰ととらえるのです。これは政治が「イデオロギー」となるときに見られます。

イデオロギー（Ideology）は、一つの課題に関連する考えの集合体で、時にその派生語でもある偶像礼拝（idolatory）のような否定的な意味合いを含みます。イデオロギーは、偶像（Idol）のように、現実に関してこうだと最終的に判断された、実は有限で部分的な評価です。イデオロギー信奉者はその学派、党派が社会問題への根本的で最終的な解決を持っていると信じています。以上のように、イデオロギーには実は神への依存があることを、その信奉者にはうまく隠しているのです。[72]

失敗したイデオロギーの最近の例としてあげられるのが共産主義ではないでしょうか。百年近く、多くの西欧学者が「科学的社会主義」と呼ばれるものに一度は大きな希望を抱いていました。しかし第二次世界大戦後から一九八九年のベルリンの壁崩壊の間に、その希望は崩壊しました。C・E・M・ジョードはイギリスの不可知論者でしたが第二次世界大戦後キリスト教に改宗しました。その著書、『信仰の回復（Recovery of Belief）』で彼はこう書いています。

マルクス主義によって暗示され、ショーによって説明され、近代心理療法によって維持された悪という視点は、状況の産物で、状況によっては修正され、場合によっては抹消されうる、という。しかし、このような見方は（第二次世界大戦とナチおよびスターリン主義者による虐殺行為に照らすと）耐えられないほど浅薄だ。……左派である我々が常に何度となく繰り返し失望させられたのは、いつか実現すると信じていた本当の社会主義の失敗、国家と政治家の行動……そして何よりも戦争という再発する事実によるが、実はそれは我々自身が原罪という教理を拒否した結果なのである。[73]

同時期に出版された『失敗した神』（The God that Failed）は、アーサー・ケストラー、アンドレ・ジッドなど、幻滅した共産主義者、社会主義者たちによるものです。[74]題名がすべてを語っているように、政治的イデオロギーがどのように絶対的信念とそれに全人生の献身を要求するかを説明しています。

社会主義の崩壊により、振り子は大きく振れて自由市場資本主義を歓迎するようになります。それこそ再発する貧困と不正という社会問題への取り組みとして最善の解決だとしたのです。今日これすら新たに君臨するようになったイデオロギーだと見る人も多いでしょう。近代資本主義の土台の一つであるアダム・スミスの『国富論』は、市場を「見えざる手」と呼び、それは自由に手綱を与えられ、自動的に人間の行動を自国の最高利益に向かわせ、どのような神や倫理的規範依存からも解放される、と言いますが、まさにそれこそ自由市場を神格化しているかのようです。[75] 確信するのはまだ早いかもしれませんが、二〇〇八年から九年にかけての巨大経済不況に影響を受け、一世代前に社会主義に対して表された不満が、資本主義に対しても同じように表されるかもしれません。最近、市場資本主義のイデオロギー的性質を暴く本が次々と出版され、注目され、[76] 学術的には[77]世俗的[78]とも宗教的[79]とも受け取れるものとして現れています。『失敗した神』の変形とも言えるような本が市場に出回るのも、自由市場が私たちを幸福で自由にする神のような力を持つと説明されてきたからです。[80]

ニーバーは人間の思考はいつも、いくつかの有限の価値や対象を「究極の答え」へと高めてしまうと言います。[81] そのようにして、問題を解決できるのは私たちで、自分たちに反対意見を言うのは愚か者か悪魔だとさえ感じるのです。しかしどんな偶像でも同じように、この偶像も私たちを盲目にします。マルクス主義では強力な国家が救世主になり、資本主義が悪の権化とされます。かたや保守的経済の世界では自由市場と競争が私たちの問題を解決するので、リベラル派や政府は幸福な社会にとっては邪魔だと考えます。

しかし現実はそんなに単純ではありません。急激な増税は、むしろ一所懸命に働いているのに報われず、高い税金に苦しめられる人たちが生まれるというある種の不正の原因になります。税金が低く、よって公益も低い社会は、しかし違った意味での不正を生むでしょう。つまり良い医療と高等教育を受けることのできる経済力のある家庭の子どもたちが、そうでない子どもたちよりも圧倒的に社会的に活躍する機会を手に入れることができるという不平等です。つまり、イデオロギー主義者は、どんな政治プログラムにもいつも決定的にマイナスな副作用があるということを認められないでいるのです。そして自分の論客がいい提案をしても聞き入れることさえできません。

広範囲において神が認められない文化ならどこでも、セックス、金、政治は様々な人たちの心の空虚を見事に埋めていくでしょう。私たちの政治的論議がますますイデオロギー的で分極化しているのはそのためです。近年の米国内の毒気づいた公的議論を二大政党間の連携がないためと見る人も多いですが、しかしその問題はかなり根深いのです。ニーバーが教えたように、この世界の始まりに戻り、神からの孤立、そして普遍的に見られるむきだしの脆弱さという自らの感情をどうにかして補おうとする、狂わんばかりの私たちの努力に目を向けなければならないのです。これらすべてに向き合う唯一の道は、私たちと神との間の関係の癒しにあります。

聖書はそのような癒しについての劇的な例を挙げています。権力に対するその姿勢によって世界で最も大きな影響力を持つようになった男の話です。

不安でたまらない王

キリストが生まれる前、つまり紀元前六世紀ごろ、新バビロニアはアッシリアとエジプトに代わる大帝国として建国されました。ほどなくユダ王国も滅ぼされ、エルサレムは陥落しました。軍人、芸術家、学者を含むイスラエルの専門職階級がバビロンに捕囚となりました。結果、当時の世界のほとんどは、バビロニア王であり軍総司令官であるネブカデネザルの支配下に置かれました。旧約聖書中のダニエル書2章ではしかし、この世界一権力を持った男が眠れぬ夜を過ごしていたことが記されています。

ネブカデネザルの治世の第二年に、ネブカデネザルは、幾つかの夢を見、そのために心が騒ぎ、眠れなかった。そこで王は、呪法師、呪文師、呪術者、カルデヤ人を呼び寄せて、王のためにその夢を解き明かすように命じた。彼らが来て王の前に立つと、王は彼らに言った。「私は夢を見たが、その夢を解きたくて私の心は騒いでいる」（ダニエル2・1〜3）

ネブカデネザルは夢を見て深い不安に陥っていました。その夢には「難攻不落の巨大な像が世界にそびえ立つ」[82]のですが、それはもしかしたら世界中に自分をこのように見てほしいという王の野望の表れだったのかもしれません。しかし、この像は「粘土の足」を持っていて砕け散りました。うなされて目を覚ました王は不安になります。自分の王国が滅ぶという意味なのか、それとも誰かが自分の弱さにつけ込んで来るということなのか……

権力欲に駆られた者の多くは、実は非常に不安で恐れに満ちています。ニーバーは多くの者が政治的権力を追い求める理由は、実際この不安と恐れからだと考えていました。[83]しかし、恐れと不安が権力への動機でなかったとしても、それは権力を所有した瞬間からついてきます。権力を持つ者は自らが羨望を集めるだけでなく、次の座を虎視眈々と狙う競争者の対象にされることも知っています。高見に上り詰めるほど、破滅的な失墜への確率も高くなります。失うものが大きすぎるからです。バーナード・マドフがポンジスキームで六百五十億ドル（六兆円）もの被害総額を出した事件で禁固百五十年の判決を受けたとき、その犯罪を公に自分のプライドのせいにしました。多額の損害を報告しなければならなかった年度があったのにもかかわらず、それができなかったのは「投資家としての失敗を認められなかったからだ」と説明したのです。[84]そのようなことを認めれば、権力と評判が失墜すると思われたからです。いったんポンジスキームの悪徳商法を使う自分の弱さを隠し始めると、「スキームが拡大するにつれ判断の誤りを認めることができなくなり」、いつも「どうにかして脱出の道を見いだせるだろう」と踏んでいた、と言いました。[85]

権力は恐れによって生まれることが多いのですが、それによって、さらなる不安を生み出すことになります。その不安を表面化するかのような夢だったので、ネブカデネザルは過剰な反応を見せたのでした。権力者は、実際自分がどれだけ弱さを感じているかを認めにくいのです。

権力喪失への恐れ

ネブカデネザルはニーバーが著書『キリスト教人間観』において罪について語ったいわゆる典型的なケーススタディーと言えます。「罪人としての人間」の章で、ニーバーによると「人間は不安定であり……〔その〕権力意志によって、その不安定性を克服しようとする……彼は、制限を受けていないかのように振舞う」[86]のです。人間は、実はそれほど人生において力を持っているわけではないのです。人生を決める条件の実に九十五％が、自分のコントロールできる範囲外なのです。これには生まれた時代、場所、両親、家族、育つ環境、身体的特徴、遺伝的な才能など、そのほとんどに自分自身を見出すことができる条件が含まれます。つまり、すべて私たちを構成するもの、持っているものは、神から私たちに与えられたものと言えるのです。私たちは無限の創造者ではなく、有限の依存的な存在なのです。

英国の詩人W・E・ヘンリーは十代で片足を切断しました。しかしその後、評論家、作家としてのキャリアを重ねました。若き日にヘンリーは、あの有名な「インヴィクトゥス」、ラテン語で「征服されない」という題の反抗的な詩を大胆にしたためています。

門がいかに狭かろうと
罰がいかに苦しかろうと
私は私の運命の支配者
私は私の魂の指導者

ニーバーが指摘しているように、これは大胆な誇張で、現実を見る視点は歪んで、「〔傲慢の〕罪に汚されている」[87]と言えるでしょう。誰も人生における障害を乗り越える術を学ぶ重要性を過小評価したくないでしょうが、ヘンリーの成功は文学的才能、非凡な知能、その生まれた所の両親や社会的接点なくしては不可能だったことでしょう。そして、ネブカデネザルと同様、自らの無力を思い知らされたのでした。ヘンリーは五歳の娘が亡くなってからというもの、そこから完全に復帰することはできませんでした。不屈の精神に立つべき世界にあって、彼はこの上もなく有限な男でした。

ニーバーが正しいなら、人間のこの無力への深い恐れは、神からの孤立に深く根ざしているので、政治や政府を通してだけでなく、もっといろいろな方法で取り扱うことができるはずです。権力の偶像は「根深い偶像」で、様々な種類の「表面的な」偶像を通してその存在感を表します。[88]

大学時代の知人でキリストへの信仰を告白する前には名うての女たらしだった男がいます。ジェームスのパターンは、女性を誘惑しセックスすると、興味が失せ、次のターゲットに移るというものでした。キリスト教を信じたことで彼は素早くその性的な逸脱行為をやめると宣言し、宣教活動に熱心になりました。しかし、彼の「根深い偶像」は変わっていませんでした。どんなクラスでも授業でも、ジェームスは議論好きで支配的でした。どんなミーティングでも、たとえ指名されなくても、彼がリーダーにならなくてはいけないほどでした。キリスト教に懐疑的な友人に自分が見つけたばかりの信仰を話すとき、耳障りで厳しい表現を使いました。結局明らかになったのは、彼の価値観はキリストを土台とするものに移ったのでなく、まだ他者に対して支配力を持つ、ということを基本にしていた、ということでした。ジェームスが女性と肉体関係を持ちたかったのは、彼女たちに魅力を感じたからではなく、もしその気になれば彼女たちと寝られる、という支配力を求めていたからでした。その力を手にしてしまうと、当然関心はなくなります。キリスト教宣教にかかわりたかったのは、神や他者に仕えたいからではなく、自分は正しい、真理を知っているのは自分だ、という力を手に入れたかったからでした。彼の権力への偶像は、まず性的な形式を通って宗教的なものに変わっただけで、その姿をうまく隠していたのでした。
権力という偶像は、強力な権力者に固有なものではありません。小さな、ささいな方法で地域や町内でのいじめや、小さな集団内で周りを威嚇して振舞う、より低レベルでの官僚主義としても見られるのです。権力という偶像は私たちの周りにあふれています。有効な治療法はあるのでしょうか。

へりくだった王

さて、ネブカデネザルの側近はその夢の解釈をすることができませんでした。ついに、ユダヤの捕囚の一人、ダニエルという宮廷の役人が前に出ました。神の力により彼は王にその夢の中身を述べました。王がまだ話す前に、です。そして解釈を語り始めます。

王さま。あなたは一つの大きな像をご覧になりました。見よ。その像は巨大で、その輝きは常ならず、それがあなたの前に立っていました。その姿は恐ろしいものでした。その像は、頭は純金、胸と両腕とは銀、腹ともともとは青銅、すねは鉄、足は一部が鉄、一部が粘土でした。あなたが見ておられるうちに、一つの石が人手によらずに切り出され、その像の鉄と粘土の足を打ち、これを打ち砕きました。そのとき、鉄も粘土も青銅も銀も金もみな共に砕けて、夏の麦打ち場のもみがらのようになり、風がそれを吹き払って、あとかたもなくなりました。そして、その像を打った石は大きな山となって全土に満ちました。（ダニエル2・31〜35）

この像は世界の王国を表していました。巨大な像として、人間の権力と達成感の象徴として表されていました。人類の文明――商業、文化、規範、権力、人間が自分自身の栄光を表すために用いるすべてを意味しました。この像を打ち砕いたのは一つの石でした。他の部分と比較すると、どうやらそれは「人手によらず切り出された」もので、神によって切り出された石でした。石は像がつくられた他の材料よりも価値が低いものでしたが、究極的には最も強力な素材でした。ダニエルは言います。それはいつかこの地上に起こされる神の国（44節）だと。

その夢は、謙虚さへの呼びかけでした。時に状況が専制君主に味方するように見えることの多い中で、神は、徐々に、あるいは劇的に、彼らを引き下ろすのです。[89] 権力を手にした者は、自ら達成したのではなく、神から与えられただけなのであり、最終的には打ち砕かれるような者であることを認識する必要があります。

つまり、ネブカデネザルは自分の持っていた神概念を覆されるような経験をしたのでした。異教者として多くの神々と超自然の力といった多神教を信じていたことでしょう。しかし、彼を含むすべての人が、その権力の使い方について申し開きをしなければならない、唯一の超越した権力者であり立法者である存在を信じてはいませんでした。

ネブカデネザルはメッセージを受け取りました。

それで、ネブカデネザル王はひれ伏してダニエルに礼をし、彼に、穀物のささげ物となだめのかおりとをささげるように命じた。王はダニエルに答えて言った。「あなたがこの秘密をあらわすことができたからには、まことにあなたの神は、神々の神、王たちの主、また秘密をあらわす方だ」（ダニエル2・46〜47）

王は、神が「王たちの主」だと告白し、世界の最高権力者が屈服しました。高慢なネブカデネザルからは想像もできない謙虚な行為でした。

私たちが支配しているという幻想

ここで私たちが学ぶのは、権力や支配への依存は、間違った神認識から来ているという、神学的な要因があることです。私たちが自分でつくった神々は、私たちを「自分自身の運命の支配者」にならせてくれます。社会学者クリスチャン・スミスはアメリカの若い世代に見られた、神をも支配するような見方を「道徳的、療法的神性」と呼びました。著書『魂を探る』で、彼はいくつかの信念を説明しています。神は真面目に生きる者たちを祝福し、天国へと導く(「道徳的」信念)、人生のおもな目的は犠牲になることでも、自身を否定することでもなく、自分について満足し幸せだと感じることだ(「療法的」信念)、そして神は世界を創造し、存在するけれども、何か問題が起きない限りは具体的に私たちの日常生活に入り込む必要はない(いわゆる理神論)、です。[90]

このような世界の見方は文字どおり自分自身を運命の支配者、魂の導き手にするのです。救いや幸福は自分自身にかかっています。「道徳的、療法的理神論」は快適で安定した社会の、特権階級にのみ発展すると指摘した人たちさえいます。「トップ」にいる人たちはしかし、自分自身の知性、知識、そして努力ゆえ得た地位だと思いたがりますが、現実はもっと複雑です。個人的なコネクション、家族の環境、単に運が良かったと思えるようなものが、一人の成功を決めたりするものです。私たちは、言うなれば三つの要因から成り立っています。遺伝、環境、そして個人の選択です。しかしそのうち二つは、私たちの支配が全く及ばない領域です。神や現実に対する一般的な見方とは逆で、私たちの成功はそれほど私たち自身によっているのではないということです。

ポップカルチャーが若い世代によく発信する「これと決めたら、何にだってなれる」というメッセージがあります。しかしそれを、誰よりもナショナルフットボールリーグのラインバッカーになりたがっている、身長百六十センチの十八歳男子に同じように言うのは酷ではないでしょうか。極端な例を使いますが、もしあなたが今いる場所ではなく、外モンゴルの小さなパオに生まれたとしたら、どんなに努力したか、どれだけ才能を用いたかに関係なく、結局貧しく権力のない人生を過ごす可能性が高いかもしれません。家という点にもっと注目するなら、家庭環境があなたの人生に及ぼしているインパクトについて考えてみてください。もしかしたら、自分の両親みたいには絶対ならないと思いながら過ごした子ども時代だったかもしれません。私は私の道を行くんだ、と。しかし、人生も中盤にさしかかると、家庭の影響がいかに自分に根付いているかが明らかになって行きます。

マルコム・グラッドウェルの『天才！　成功する人々の法則』（勝間和代訳、講談社、二〇〇九年）は私たちの成功が大部分環境によるものだという議論を、いくつものケーススタディーを用いて展開しています。一九三〇年頃に生まれたニューヨーク市在住のユダヤ系弁護士の多くが、「偶然」から多大な恩恵を受けました。学生数が少ない大学で、教師からより手厚い指導を受けられたのです。と言うのも、当時、非常に質の高い教育が安い学費で学べる法律教育の場が提供されていたからです。彼らは反ユダヤ主義のあおりを受けて、エリートロースクールから閉め出され、成功した他の弁護士が見向きもしない代理人裁判などの専門分野に向かうしかありませんでした。しかし、それは、敵対的買収が始まった七〇年代、八〇年代、彼らに競争上の好都合を生み出し、結果、とてつもない報酬が転がり込むようになりました。[91] グラッドウェルの著作は、個人的な成功は自分が思うほど自分の責任ではない、という顕著な研究結果を示しています。グラッドウェルのようにではなく、受け継いだ才能、環境、個人の選択の三つの要因が同じくらい重要だと私は認めたいところですが。私たち自身を形作るもののほとんどの要因が神の手中にあるのです。使徒パウロも、「一方にくみし、他方に反対して高慢にならない」と言います。「いったいだれが、あなたをすぐれた者と認めるのですか。あなたには、何か、もらったものでないものがあるのですか。もしもらったのなら、なぜ、もらっていないかのように誇るのですか」（Ⅰコリント4・6～7）

ネブカデネザルは、成功や出世を個人的な手柄だととらえていました。今やそんな彼はへりくだり、神についての偽りの見方が変えられてきました。しかし変化はそう深いレベルではありませんでした。神による取り扱いがさらに必要でした。

怒った王

４章でネブカデネザルは宮殿の自分の家でくつろいで、繁栄に満足していたときに、もう一つの夢を見たと言っています。今度は心が騒ぐどころか脅かされるほどの内容でした。それは巨大な木についてでした。「その木は生長して強くなり、その高さは天に届いて、地の果てのどこからもそれが見えた。……すべての肉なるものはそれによって養われた」（ダニエル４・11〜12）。しかし「その木を切り倒」せという声が聞こえます。その声は木について語りだし、「その根株を地に残し……その心を、人間の心から変えて、獣の心をそれに与え、七つの時をその上に過ごさせよ」と命じました。

恐れおののきながら、王はダニエルを呼び出しました。しかし、ダニエルもまた、その夢を聞き血の気がひくのです。しばらく絶句して立ちすくむと、やっとのことで解釈を始めました。

王さま。その解き明かしは次のとおりです。これは、いと高き方の宣言であって、わが主、王さまに起こることです。あなたは人間の中から追い出され、野の獣とともに住み、牛のように草を食べ、天の露にぬれます。こうして、七つの時が過ぎ、あなたは、いと高き方が人間の国を支配し、その国をみこころにかなう者にお与えになることを知るようになります。ただし、木の根株は残しておけと命じられていますから、天が支配するということをあなたが知るようになれば、あなたの国はあなたのために堅く立ちましょう。それゆえ、王さま、私の勧告を快く受け入れて、正しい行いによってあなたの罪を除き、貧しい者をあわれんであなたの咎を除いてください。そうすれば、あなたの繁栄は長く続くでしょう」（ダニエル4・24〜27）

最初の夢は言うなれば知的なレッスンでした。一般的な用語を使って神の性質と人間の権力について説明しました。今回は、神は、より個人的に迫ってきます。知的レッスンは助けにならなかったからです。王はまだ専制君主でした。ある民族、階級、貧困層を圧制し続けていたのです（27節）。今、神は彼に必要なレッスンを教えるつもりでした。しかし希望はありました。木は切り倒されますが、根株は地に残され、再び成長する余地を残されました。神は天罰、復讐、破壊を追い求めているわけではないのです。これは矯正と贖いのためという動機を含んだ、しかし痛みを伴う訓戒でした。

では、神がネブカデネザルの心に教えたかったレッスンとは何でしょうか。それはこうです。「いと高き方が人間の国を支配し、これをみこころにかなう者に与え、また人間の中の最もへりくだった者をその上に立てることを、生ける者が知るためである」（ダニエル４・17）。誰でも成功しているなら、それは単に神の一方的な恵みを受けたからだと言っているのです。世界の権力、富、影響力の階層「トップ」に立った人間でさえ、実は「最もへりくだった者」、つまり他と比べてより良い者だというわけではない、ということです。これは、私たちが手にしているものは恵みゆえで、私たちの「働き」や努力の結果ではないのだ、という福音の基本中の基本です。

神が言わんとしていることはこのようなことなのです。「ネブカデネザル王よ、あなたは神の恵みを理解しなければならない。あなたの権力は神により、恵みによって与えられたのだ。それがわかれば、あなたはもっと安心し一息つけるだろう。そしてより謙虚に、公正になれるのだ。逆にその地位は自分がその手柄と努力で手に入れたと考えるなら、今までどおり不安に苛まれ残虐を繰り返すことになるだろう」

十二か月の後、彼がバビロンの王の宮殿の屋上を歩いていたとき、王はこう言っていた。「この大バビロンは、私の権力によって、王の家とするために、また、私の威光を輝かすために、私が建てたものではないか」（ダニエル４・29〜30）

するとすぐに、ネブカデネザルは明らかに精神的に異常を来し、宮殿内ではなく人気のないところで動物たちと一緒に草を食べるような生活をするはめになりました。

砕かれた高慢、そこからの復活

何が起こったのでしょう。罪がもたらす大きな皮肉の一つは人間が人間以上に、つまり神のようになろうと努力するとき、人間以下になり下がってしまうということにあります。自分が自分の神になり、自分の栄光と権力のために生きると、誰よりも獣のような残酷さを帯びた行動を生み出します。高慢は、あなたを人ではなく、人を食い物にする者にするのです。[92] これが王に起こったことでした。

C・S・ルイスの児童文学、『朝びらき丸　東の海へ』の登場人物の一人は専制君主予備軍とも言えるような少年、ユースチス・スクラブでした。ユースチスは明らかに権力への欲望を持っていましたが、それを意地の悪い、あわれな、いかにも男子生徒的方法で、からかい、動物虐待、告げ口、大人の権威へのご機嫌取りなどとして表現しました。まさに第二のネブカデネザル到来です。

ある晩、ユースチスは洞穴にあふれんばかりの宝物を見つけます。興奮した彼は、その宝で手に入れられるであろう権力と快適な暮らしを想像します。そのまま眠ってしまった彼が目を覚ますと、彼の姿はぞっとするような竜の姿に変わってしまっていました。「竜の宝ぐらで、竜の欲ぶかい心をいだいて眠って、じぶんが竜になったのです」[93]

竜になったのはまさに「理にかなった自然な結果」と言えるでしょう。ユースチスは竜のように考えたので、竜になったのです。心を権力へ向けると、私たちは感情のない略奪者になるのです。自分が礼拝している対象のようになります。[94]

ユースチスはいまや誰をも怖がらせることのできる巨大な力を持っていました。今まで夢見た以上の力でしたが、同時に彼自身も恐れ、落胆し、完全に孤独でした。これはもちろん、権力そのものが私たちに与える仕打ちです。自分の変貌ぶりに対するショックがユースチスをへりくだらせ、また普通の少年に戻りたいと心から思わせるのでした。彼の高慢が消え失せていくとき、その心の偶像礼拝も癒されていきました。

そんなある晩、ユースチスは不思議なライオンに出会いました。ライオンはユースチスに「着物を脱ぐように」つまり、竜の皮をはがしなさいと挑みました。彼は何とかして皮を剝ぎ取ろうとするのですが、やっとのことではがしてもその下はまだ竜の皮のままなのでした。何度も挑戦しますが結果は変わりません。ライオンがついに「おまえは、わたしにその着物をぬがせさせなければならない」と言います。以下はユースチスの台詞です。

はっきりいうと、ライオンの爪がおそろしかった。けれども、ぼくももう、やぶれかぶれさ。そこで、ライオンにむいてもらうために、その場にあおむけに横になったのだ。

ライオンが爪をたてた第一のひきさきかたは、あまりふかかったものだから、それが心臓までつきさしたと思ったくらいだった。そしてそれが皮をひきはがしはじめると、いままで感じたことがないほどはげしく痛んだ。……で、ライオンは、いやらしいものをめりめりとむいていった。前に三度じぶんでやったのとおなじぐあいだと思えた。もっとも、じぶんでやった時は痛くなかったけど。そして皮が草の上に横にしてあった。ただ、いままでのよりは、はるかにあつく、黒くでこぼこしたかっこうのものだった。それにぼくは、皮をむいた若枝のようになめらかで、今までよりも小さくなっていた。……ぼくがふたたび男の子にもどったんだ。[95]

文中のアスランというライオンはキリストを表しているのですが、物語はすべてのクリスチャンが発見する事柄、つまり高慢は死と破壊、人間性の喪失を招くということについて証明していると言えるでしょう。しかし、その中で苦々しい感情に埋もれるのでなく、謙虚になり自分ではなく神の栄光を求めることを選ぶなら、自身のプライドの死は、その復活へとつながるのです。暗闇の中から閉ざされた心ではなく、柔軟な心を持った、本来あるべき人間としてついに浮上できるのです。

似たようなことがネブカデネザルにも起こりました。彼自身の言葉による証言です。

その期間が終わったとき、私、ネブカデネザルは目を上げて天を見た。すると私に理性が戻って来た。それで、私はいと高き方をほめたたえ、永遠に生きる方を賛美し、ほめたたえた。その主権は永遠の主権。その国は代々限りなく続く。……私が理性を取り戻したとき、私の王国の光栄のために、私の威光も輝きも私に戻って来た。私の顧問も貴人たちも私を迎えたので、私は王位を確立し、以前にも増して大いなる者となった。（ダニエル４・34、36）

彼が神を見ようと「目を上げて天を見た」とき与えられた結果は、理性を取り戻したことだけではありませんでした。彼は「以前にも増して大いなる者」になったのでした（36節）。これこそ、イエスのうちに最高に見られる深い恵みの表れ方なのです。私たちはこう思うでしょう。「上を目指そう、自分自身のためなら世界のトップに立ってやる」と。しかしイエスは言いました。「下に降りよう、彼らのために低くなる」と。彼は人間となり、私たちの罪のために十字架にかかりました（ピリピ２・４～10）。イエスはすべての権力を失い、仕えました。私たちを救うためにです。彼は死にました。しかしそれにより悔い改めと復活が起こりました。だから、もしユースチスやネブカデネザル、あるいはイエスのように、かつてないような弱さに陥ったとき、しかし「父よ、わが霊を御手にゆだねます」（ルカ23・46）と言うなら、そこにこそ成長、変化、復活が見られるのです。

イエスの見本とその恵みは、私たちの権力に対する執着心を癒します。権力を喪失したときの私たちの普通の反応は否定であり、その否定の中で生きるためにさらに支配し操作できる他者を見つけることです。しかし、イエスは他の道を私たちに示しました。自分の権力を手放し、仕えることによって、いまだかつて見たこともないほど影響力のある人物になったのです。イエスは単なるお手本ではありません。イエスこそ救い主です。私たち自身の罪、必要、力のなさを認めることによってのみ、そして自分自身を神のあわれみにゆだねてこそ、ついにその神の愛にあって本当の安心を見出すことができるのです。そして、他者を圧制することのない本当の意味での力を帯びるようになります。不安は消え、権力欲は根底から切り取られます。ある説教者がかつてこう言いました。「上に昇る道は下に落ちる道、下に落ちる道は上に昇る道だ」

第6章　日常に隠された偶像

これまで、恋愛、経済的繁栄、政治的成功など個人的な偶像に注目してきました。このような偽りの神々は、簡単に見つけることができるでしょう。しかし、それ以外にもっと人目にはつかない、隠れた影響力もあるのです。それは個人的な心の偶像ではなく、私たちの文化、社会における偶像です。

利益の神

ニューヨーク・タイムズ紙、日曜オピニオン版にＪＰモルガンの元副社長だった二十九歳の友人メリッサがその職を解雇された記事が掲載されました。「ウォールストリートに対してほとんどがいまだに憤慨しているような状況……会社が損失を出す一方で、ボーナスから何百万という金額をかき集めている強欲なトレーダーたちがいる中で、メリッサは必ずしもそのイメージには当てはまらなかった」。高給取りだった彼女は、同時に友人やＮＰＯのチャリティーへのサポートには積極的でした。しかし、彼女の専門はサブプライムローン、学生ローン、クレジットカード負債などの証券化でした。「彼女がパズルのピースのように集めて組み合わせ、投資家に売るという、これらすべてのローンは、彼女自身には個人的にはふりかからなかった経済不況において、不吉な役割を果たしていた。いや、本当なら彼女自身にもふりかからなければならなかったはずだが」[96]。なぜ彼女の身にその影響は及ばなかったのでしょうか。ネイサン・ハッチが本書第4章で述べているように、私たちの文化は、職業について問うよう学生たちに教えてこなかったのです。唯一問われるのは、どれくらい儲かるか、です。

ハーバードビジネススクールの二〇〇九年卒業者の半分近くが卒業前の非公式な会で「できる限り一貫性をもって行動し」、「自身の狭い野心から促された決断や行動を起こすことを」拒否する、そして「自身の企業が長期的に存続する社会を創造できるような価値観を推進していく」姿勢で働くことを約束しました[97]。

この「ＭＢＡ（経営管理学修士号）の誓約」の取材の中で、エコノミスト誌は、経営者のゴール（しかも唯一の）は、株主の価値を最大限に引き出すことにあるとのミルトン・フリードマンの主張を喚起しています[98]。伝統的に議論されてきたように、そうしてこそ、ビジネスは、雇用や新製品を生み出し、公益を促すというのです。市場そのものが、一貫性に報酬を与え、不正を罰するのです。嘘をつき、だましたら、見つかり捕まり一文なしになるという展開です。それではビジネスの唯一のゴールは、収益を最大限上げることになります。倫理的管理経営や社会を意識したビジネスは不必要だということです。

ＭＢＡの誓約に署名した者たちは、これからは今までとは違う方向性を求めました。一般的に利益の追求の中で、経営者は企業の長期的成長、被雇用者や顧客の利益、環境への配慮などを犠牲にして、株価を劇的に上昇させることができます。そして利益を得るや否やビジネスから手を引くと、残されるのは以前より貧しくなった人たちです。長期的に見て被雇用者に十分な手当と良い労働環境を与えればより多くの利益を得られるという意見もありますが、それは必ずしも自明の理ではないのです。より高い利益を得る手段としてではなく、むしろそういった理念のもとでなされるビジネスが良心的で正しいからという理由が先行する必要があるでしょう。

また、誠実さと一貫性は健全な経営を約束すると言われていますが、それも必ずしも真理とは言えません。ある状況においては、誠実さは経営破綻を生みます。その場合、費用対効果を厳密に分析すれば、たとえばれる危険があったとしても、不正をしながら経営するほうがよいという結論が出ます。企業の被雇用者や労働環境に対する誠実さや献身は、利益を生み出すのと同じくらい、それ自体が財産として大切にされなければなりません。そうでなければ一貫性は維持できないのです。

誓約の署名者は、利益は偽りの神になった、良いものが究極的な価値になってしまったことを議論していました。結果として倫理的、また、社会的な価値の破綻があったということでした。彼らの誓約は、社会秩序に組織的影響を広く与えていた文化的偶像を相手取るという覚悟の表れでした。

文化における偶像

『本当のアメリカンドリーム』で、著者アンドリュー・デルバンコはこう書いています。「私は、文化という言葉を、私たちが意味のない世界に生きているという陰鬱な疑念を何とかして振り払おうとしている物語やシンボルとして使いたいと思う」[99]。どの文化の中心にも、そのおもな「希望」が存在し、社会のメンバーに人生とは何かを表します。デルバンコはアメリカ文化を三つの時代に分け、それぞれの時代の基本的な希望をたどります。三つの時代はそれぞれ「神、国、自身」と名付けられています。最初の時代は、「希望はおもに、死から救われると約束され、そのように理解された苦難と喜びに意味を見出すクリスチャンの物語を通して表現され」ました。次の時代は「啓蒙思想が個人の神信仰を取り除き……神格化された国家という考えにとってかわられ」ました[100]。デルバンコが一九六〇年代になってようやく消滅し始めたと言うこの二番目の時代は、前世代の聖なる物語を通してという考えから、アメリカ自身に焦点をずらしたため、その政府組織とライフスタイルが世界全体への希望だとする「贖いの国」観を生み出しました。

そして現代、超越した存在と意味への必要は、個人、またその個人が何を選ぶかという自由に強く結びつけられています。若い世代には、もはやかつての「アメリカ一番」と国旗を振るような姿勢は古いのです。今や人生は、共同体の束縛からいかに個人の自由を最大限に引き出すか、そしてそういう自分自身を見出すかに尽きるようになったのです。

デルバンコの文化分析はつまるところ偶像分析でもあります。「自分」重視の時代がなぜ最大限の利益を追求することを主流にしたのかを説明します。今の私たちにとって、自分自身が何によって形作られ、突き動かされているかは非常に複雑です。どんな支配的文化的「希望」も、神でなければ偽りの神でしかありません。偶像はまた、私的な形だけでなく、共同的組織的にも存在しうるのです。ある偶像的な執着が普通だとする社会に浸りきると、実際何に執着しているかを判別するのはほぼ不可能です。

ある文化は他の文化よりも偶像礼拝していないなどと、比較して考えるべきではありません。伝統的な社会は、家族や部族といった単位を絶対的、究極的なものにする傾向があります。これは名誉殺人、家財としての女性の取り扱い、同性愛者に対する暴力を促します。欧米の世俗文化は個人の自由を偶像にし、それは家族崩壊、奔放な物質主義、キャリア上昇志向、恋愛関係や容姿、利益の偶像化を招きます。

それではどうしたらそのような文化的偶像から解放されるでしょうか。デルバンコは、歴史の初めから、社会は神と宗教の周辺に築かれたことを指摘しています。文化的な問題に対する答えは、もっと宗教に注目すればいいということでしょうか。必ずしもそうとは言えません。偶像はどこにでも浸透しているので、このような領域をも支配しているからです。

宗教の中の偶像

偶像とは、神からしか与えられないものを得ようと私たちがすがり、礼拝するものです。偶像礼拝は、宗教的なコミュニティーで、教理的真理を偽りの神という地位にまでまつりあげることによって広く行われています。これは人々が、神自身やその恵みよりも、神に対する自分たちの教理の正しさに依存する場合に起こります。これは判断するのに微妙なところですが、一歩間違えると致命的です。このような自己義認の形式にすべり落ちて行く兆候は、自分が箴言の言う「あざける者」になるときに見られます。[101] あざける者はいつも、相手にあわれみではなく、軽蔑的、侮蔑的態度を示します。これは彼ら自身が、実は恵みにより救われた罪人だという認識がないことを示しています。そのかわり、彼らはその見方が正しいという信頼によって優越感に浸っているのです。[102]

もう一つの宗教的コミュニティーにおける偶像の形式は、霊的な才能や宣教の成功を偽りの神とすることです。霊的な賜物（能力、行い、成長など）はしばしば、聖書が言う御霊の「実」（愛、喜び、忍耐、謙遜、勇気、親切）[103]と混同されます。「恵みによってのみ救われた」と信じている宣教者でさえ、心の中では自分と神との関係はどれだけ多くの人生に影響を与え変えることができたか、という事実にかなり大きく左右されていると思うようになるのです。

道徳的な生活そのものも、宗教的偶像の一つです。これは他著でかなり紙面を割いて書きましたが、[104]人の心の初期設定の特徴は、その道徳的行いによって神や他者を支配しようとする点にあります。道徳的に生活することで、神（や他者）に尊敬や支援をもらえるような貸しをつくっていると感じるのです。イエスを見本にし、霊的な存在だと口では言いますが、実際に見ているのは救いのためにがんばる自分自身とその道徳的な行いです。

デルバンコは啓蒙主義として知られる大きな文化的変化が宗教の正当性を放棄し、神がいた場所に米国的システムや個人主義的自己満足を据えたと説明します。その結果は芳しくありません。神がいた場所に国家を据えると文化的帝国主義が生まれ、個人を据えると本著で議論してきたような機能不全の力関係が多く生まれます。[105]どうして私たちの文化は神を希望とすることを放棄したのでしょうか。私は宗教的なコミュニティー自体が偽りの神々で満ちていたからだと思うのです。教理の正確さ、成功した宣教、道徳的清潔さなどが、内部にある対立、高慢、自己義認、価値観の違う者への圧力などを生み出しました。宗教的コミュニティーにおける偶像礼拝という有毒な影響は、一般的な宗教、特にキリスト教からの離反という結果につながったのです。私たちは、かつては神を信じてみたけれど、絶望的な結果によって他の希望へ走ったのです。

ヨナの任務

私たちが立ち向かうのは、心の偶像だけではありません。個人的な偶像が文化と宗教がくみした神々による追い風を受け、互いに有毒な混合物になるのです。例えば権力も金もない若者が、人種的宗教的嫌悪をあおるような社会運動に簡単に流されることがあります。家族から愛されなかった女性が、イメージと容姿を重視する消費文化の中で育ち、摂食障害に悩まされるようになるかもしれません。私たちを突き動かす衝動は、複雑で、何層にも重ねられ、その大部分が隠されているのです。

聖書の中でその最も良い例と言えるのが、あの有名なヨナの話です。教会学校で教えられた、大きな魚にのみこまれたあの男、と思われる方も多いでしょう。しかし、意外なことに、この話には偶像についてのストーリーが巧みに織り込まれているのです。私たちの行動を、様々なレベルで突き動かし、神からより遠くへと引き離そうとする偶像です。それも、私たちが神に従っていると思っている瞬間にさえです。この話の本当の衝撃は、ヨナが魚から出てもっと後の、まさに結末の部分にのみ見られます。物語は、著者の巧みな説明による緊張感にみなぎった幕開けではじまります。

アミタイの子ヨナに次のような主のことばがあった。「立って、あの大きな町ニネベに行き、これに向かって叫べ。彼らの悪がわたしの前に上って来たからだ」（ヨナ１・１～２）[106]

Ⅱ列王記14・25から、ヨナはイスラエル王ヤロブアムに軍事的に領土拡大政策を勧める預言をしたことがわかります。同時期活躍した預言者アモスとホセアが王国行政の堕落に対抗して預言したのに比べ、ヨナは国力とその影響力を築き上げるためなら何でもする、といった王の国粋主義による悪行を無視していたかのようです。[107] そのような預言者はニネベに行って神の命令を伝えるようにという命令に驚いたことでしょう。

ニネベは当時世界一強大な都市でした。アッシリア帝国の軍事力がイスラエルと隣国にも及んでいたためニネベは安泰でした。そういうわけで、どんな形であれアッシリアの利益になるようなことをするということは、イスラエルにとって自殺行為でした。任務は堕落した都市に「向かって叫」ぶことでした。さばきを免れるチャンスがある以外に、警告が伝えられる理由はありません。ヨナはそれを十分承知していました（4・1〜2）。

神はあわれみをもって、自分の民に対する宿敵に手を伸ばそうとしていました。これほど本能に逆らうような任務はほかにないでしょう。神は愛国心に満ちたユダヤ人の預言者にそれをさせようとしていました。密使としてこれほど不適切な人選はありません。神は、ヨナが何と不当な、と思われるようなことをあえて依頼したのです。しかしそれは神の宣教の任務であり、ヨナはいわば宣教師でした。

逃走中の男

しかしヨナは、主の御顔を避けてタルシシュへのがれようとし、立って、ヨッパに下った。彼は、タルシシュ行きの船を見つけ、船賃を払ってそれに乗り、主の御顔を避けて、みなといっしょにタルシシュへ行こうとした。（ヨナ1・3）

東のニネベに行けという命令に明らかに反抗して、ヨナは反対方向のタルシシュに向かいます。タルシシュは当時知られている中で最西端の町でした。ヨナは、神がしてほしいと思っていたこととは全く逆の行動をとりました。なぜでしょうか。ヨナの内側の動機は4章までは全部は明らかにされませんが、この時点で得られるいくつかの証拠が、これほど明白な神の命令にあからさまに逆らうという目に余る行動を、なぜ彼がとったのかについて語っています。

まずヨナは失敗を恐れていました。神は孤独なヘブル人の預言者に、世界で最強の都市に行き神の前に悔い改めるように叫べと命じたのです。考えうる結果は、あざけられるか、殺されるか、どうやらどちらの可能性も濃厚でした。宣教者なら、できれば説得できる可能性のある所に行きたいと思うものです。

彼は宣教の成功の可能性が低いこと、いや、万が一にも成功するかもしれないことを恐れていました。アッシリアは残酷で暴力的な帝国でした。イスラエルからすでに国政的護衛料として貢ぎ物を要求していました。ヨナはニネベに神の怒りがあることを警告するように命じられましたが、それは同時に彼らに生き延び、イスラエルを脅かし続けるチャンスを与えることも意味していました。愛国心に満ちたイスラエル人としてヨナは、そのような任務には一切かかわりたくないと思ったのです。

ではなぜ逃げるという選択に出たのでしょうか。ここでも、答えは偶像礼拝です。しかも、とても複雑な類いのものです。ヨナは個人的な偶像を持っていました。神に従うことより宣教の成功を願っていました。また、ヨナは文化的な偶像によって支配されていました。イスラエルの国家的関心事を、神への従順とニネベの霊的な救いよりも重視したのです。最後にヨナは、単純な道徳的自己義認という宗教的偶像を持っていました。ニネベという異邦人、悪人に対して優越感を抱いていました。彼らが救われるのを願ってはいませんでした。ヨナの文化的、個人的偶像は毒気に満ちた調合物となり、その存在について、完全に本人は無意識なのでした。しかし、それは彼自身この上もなく光栄を感じて仕えている、神自身に反抗する結果を招いたのでした。

深みに落ちたヨナ

ヨナは神から、そしてその任務から逃れるため船に乗り込みました。しかし神は船が沈まんばかりの荒れ狂う嵐を起こしました（ヨナ1・4〜6）。この嵐が常軌を逸した暴風雨だと感じた船員はくじびきをして、この災難が誰のせいなのかを知ろうとしました。くじはヨナに当たりました。

それで人々は非常に恐れて、彼に言った。「何でそんなことをしたのか。」人々は、彼が主の御顔を避けてのがれようとしていることを知っていた。ヨナが先に、これを彼らに告げていたからである。彼らはヨナに言った。「海が静まるために、私たちはあなたをどうしたらいいのか。」海がますます荒れてきたからである。ヨナは彼らに言った。「私を捕らえて、海に投げ込みなさい。そうすれば、海はあなたがたのために静かになるでしょう。わかってい

ます。この激しい暴風は、私のためにあなたがたを襲ったのです」（ヨナ1・10～12）

船員たちは死を恐れて、ヨナの言ったとおりに、彼を海に投げ込みました。神は魚を送ってヨナを飲み込ませ、彼の命を救いました。魚はヨナのために神が備えた救助手段でした。ヨナに、立ち返って悔い改めるチャンスを与えるためのものでした。ヨナは魚の中で、神に祈りをささげます。

主は大きな魚を備えて、ヨナをのみこませた。ヨナは三日三晩、魚の腹の中にいた。ヨナは魚の腹の中から、彼の神、主に祈って、言った。「私が苦しみの中から主にお願いすると、主は答えてくださいました。……私は言った。『私はあなたの目の前から追われました。しかし、もう一度、私はあなたの聖なる宮を仰ぎ見たいのです』と。……むなしい偶像に心を留める者は、自分への恵みを捨てます。しかし、私は、感謝の声をあげて、あなたにいけにえをささげ、私の誓いを果たしましょう。救いは主のものです。」主は、魚に命じ、ヨナを陸地に吐き出させた。（ヨナ1・17～2・2、4、8～10）

ここで彼は「むなしい偶像に心を留める者」と言っています。ここで言われる偶像礼拝者は、神がヨナに行けと命じたニネベの人たちを指していたことになります。しかし、ヨナは彼らについて注目すべき見解を示しています。偶像礼拝者は「自分への恵みを捨てる」ということです。恵み、とはヘブル語で神の契約的な愛、贖い、無条件の恵みを意味します。この言葉は、神とその民、イスラエルの関係を説明する際に使われてきました。今ヨナは偶像礼拝者を「自分の恵みを捨て」ていると言います。雷鳴のように突然、ヨナは彼らに対する神の恵みが自分に対する恵みと変わらないことを理解したのです。なぜでしょうか。恵みは恵みであって、それ以外の何ものでもないからです。もし本当に恵みなら、誰もそれに見合う者はいないし、つまり逆に言えば、すべての人を平等の立場に立たせるということです。そしてその理解をもって彼はこう付け加えます。「救いは主のものです（救いは、ただ主から来る）」。どんな人種も階級も宗教的な立場も救いを占有していません。どんな性質も長所からも救いは来ません。救いは主からのみ来るのです。

この祈りには面白い自己洞察が見られます。ヨナによると、人生において恵みの障害になるものとは何でしょう。偶像にすがることです。それなら、なぜヨナは神の意思と思いを理解しきれなかったのでしょうか。答えはやはり彼自身の偶像礼拝にあります。個人的な失敗への恐れ、自身の宗教へのプライド、強い愛国心がすべて死につながる偶像礼拝的複合物を作り上げ、神の恵みの前に彼を盲目にしたのです。結果、その恵みを必要としていた一つの都市に伝えることを拒んだのでした。むしろ都市全体が滅びればいいとさえ思っていたことでしょう。

人種と恵み

人種的プライドと文化的偏狭さは恵みの福音と共存できません。それらは相反するものだからです。人の自己義認しやすい性質により、私たちは自身の文化や階級の傾向を他の誰よりも優位だと考えやすいのです。しかしこの自然な傾向は福音によって阻止されます。

ガラテヤ書2章でペテロに対抗したパウロからもそれが見られます。ペテロはユダヤ人の使徒で、異邦人は霊的に「汚れた」者であると教えられて育ち、一緒に食事をしてはいけないと考えていました。古代文化において、食事を共にするのは歓迎と受容を意味しました。パウロが信者になった異邦人と食事をしようとしないペテロを見たとき、彼はペテロにその人種差別について異論を唱えました。パウロはペテロが「人種差別についての規則に反した」と言ったわけではありません。ペテロが「福音の真理についてまっすぐに歩んでいない」（ガラテヤ2・14）ことを指摘したのです。人種差別は、恵みの救いの原理そのものに対する否定だとパウロは言いました。パウロが言ったのはこういうことです。「ペテロ、私たちがみな恵みによってのみ救われたのなら、他の誰かに対して優越感を抱くことなどできるのか。人種、国が違うからって、なぜそんなに排他的になれるんだい？　君の心に福音を叩き込むんだ！」 ペテロはもちろん福音をあるレベルまでは知っていました。しかし深く理解し、それによって彼自身が形成されるほどではありませんでした。まさに、福音と共に「まっすぐに歩んでいなかった」のです。

キリストにあって安心していない者は、霊的な生活を維持する何か、つまり自分に自信を持たせるための何かを求めてあちこち探しまわる。そして半狂乱で探すうちに自身の内に見られるちょっとした能力や正当性だけでなく、自身の人種、派閥、身近な社会的、教会的行動パターン、自身を推薦できる手段としての自身の文化にすがりつく。文化は、自信喪失への武装であるかのように用いられるが、それはまた精神的な拘束服として身体に付着し、もはやキリストの救いのわざへの包括的な信仰をもってしてしか、脱ぐことは不可能になるのだ。[108]

魚の腹の中で、ヨナには今まで何が自分に不足していたのか、なぜ神のもともとの命令にあれほど反対していたのかが見えてきました。ヨナは世界最強の町に神の恵みを宣教するよう召されたのですが、その恵みを彼自身が理解していなかったのです。打ちのめされ、へりくだらされ、彼は真理を理解し始めました。救いは恵みによるのだ、だから誰にでも差し伸べられるべきものだと。彼の文化的偶像は、この理解が与えられたときに取り除かれたように見えます。そして、そのとき、魚が彼を吐き出しました。預言者ヨナは再度チャンスを与えられたのです。

ショッキングな結末

再びヨナに次のような主のことばがあった。「立って、あの大きな町ニネベに行き、わたしがあなたに告げることばを伝えよ。」ヨナは、主のことばのとおりに、立ってニネベに行った。ニネベは、行き巡るのに三日かかるほどの非常に大きな町であった。ヨナはその町に入って、まず一日目の道のりを歩き回って叫び、「もう四十日すると、ニネベは滅ぼされる」と言った。そこで、ニネベの人々は神を信じ、断食を呼びかけ、身分の高い者から低い者まで荒布を着た。……神は、彼らが悪の道から立ち返るために努力していることをご覧になった。それで、神は彼らに下すと言っておられたわざわいを思い直し、そうされなかった。ところが、このことはヨナを非常に不愉快にさせた。ヨナは怒って……（ヨナ3・1〜5、10、4・1）

さていよいよ、この物語の中で普遍的に無視されてきた部分にたどりつきました。神は再びヨナにニネベに行くように命じ、今回は、ヨナは従いました。そこで彼は宣教し、彼にとっても、読者の私たちにとっても驚くべきことに、町の人々はそれに応答し、悔い改め始めました。「もしかすると、神が思い直してあわれみ、その燃える怒りをおさめ、私たちは滅びないですむかもしれない」（9節）と言う人さえいるほどでした。結果、町は8節で言われていたような「悪の道と、暴虐な行い」から立ち返りました。アッシリアの国は非常に残虐な国でしたがここでは、少なくとも、この時期だけは違い、悔い改めと変えられたいという思いに満ちていました。

神は彼らにあわれみを与えました。ニネベの人たちがユダヤ教に改宗したり、規定どおりイスラエルの神への礼拝をするようになったかどうかは定かではありません。少なくともそのような記述はありませんが、神は罰を与えることをやめました。彼らを救おうとする神の意思が、罰を与えようとする思いを凌いだのです。

誰でもこの物語を読む者は、このすばらしい結末で終わることを期待するでしょう。絶望的な状況でヨナは死から救い出され、任務を全うし、ニネベは悔い改め、悪の道と帝国主義から立ち返る決意をし、神はそのすべての人々へのあわれみと愛を示した、という結末です。この物語をしめくくるのに必要なのは、ヨナ書3・11、「そしてヨナは喜びながら故郷に戻った」という言葉だけでした。

しかし、そうはならなかったのです。物語の本当の衝撃は、ヨナの偉大な任務達成の瞬間ではありませんでした。世界最強の都市に宣教し、その都市全体が悔い改めたにもかかわらず、ヨナの宣教に対するニネベの積極的な反応そのものが、彼を怒りで燃え上がらせたのです。それは神をなじり、その場で殺してくださいと神に要求するほどの怒りでした。

〔ヨナは〕主に祈って言った。「ああ、主よ。私がまだ国にいたときに、このことを申し上げたではありませんか。それで、私は初めタルシシュへのがれようとしたのです。私は、あなたが情け深くあわれみ深い神であり、怒るのにおそく、恵み豊かであり、わざわいを思い直されることを知っていたからです。主よ。今、どうぞ、私のいのちを取ってください。私は生きているより死んだほうがましですから。」主は仰せられた。「あなたは当然のことのように怒るのか」（ヨナ４・２～３）

ヨナの心の本当の動機がついに明らかになりました。「やっぱり！」と言ったことでしょう。「どうせあなたはあわれみ深い、赦すのに早く、人間を救うのに熱心で、この上もなく忍耐深いって知ってましたよ！　私はね、どうせ、そんなことだろうと踏んでたんです！　だから、最初あなたから逃げたんだ！　あなたみたいな神をあの人たちのそばに連れて行って、彼らがちょっとでも悔い改めるそぶりを見せたら、あなたが彼らを赦すんじゃないかって、びくびくしてたんだ。もう、たくさんだ。あんたなんかのために働くなんて、まっぴらごめんだ。もうここで一思いに殺してくれ！」聖書、いやすべての古代文学の中に、これほどはっとさせられるスピーチがあるでしょうか。ついにヨナの偶像はむきだしにされ、この人種と国家に対する憎悪が明らかにされたのです。

ヨナは、神が赦した、他に類を見ないほどの悪名高いアッシリア人という民族に深い嫌悪感を抱いていたのです。ニネベに立ち向かい罪の宣告をするのは喜んでやったでしょうが、それは彼らに対する愛からではありませんでした。彼らの救いを望んではいませんでした。彼らが神のあわれみを受けることなど、ゆるせませんでした[109]。

いったい何がどうなったというのでしょうか。魚の体内で、ヨナは全人類が神の愛を受けるにふさわしくない、だからすべてが平等に神の恵みを受ける道を与えられているのだという考えを受け入れ始めました。しかし、ヨナの偶像礼拝が、彼らに対する復讐を再び主張したのです。2章で見せた、彼の神の恵みについての理解は、おもに知的なレベルでした。彼の心を突き通してはいませんでした。神から直接指導を受けたとしても人の心は決してすぐに、そして簡単には変わらないこと、それがヨナを通して私たちが学べることです。ペテロが人種差別に福音を適用しなかったことについて、パウロが対決しなければならなかったように、ヨナに対する神の働きもまだ完了していませんでした。

こんな話を聞いたことがあります。地下室にネズミがいるかどうか知りたければ、大きな音を立てながらゆっくり階段を降りたりはしない。地下室を見回したって何も見つかりはしない。階段をすばやく降りて、相手の隙をつけば、必ずしっぽを捕まえられる、と。私たちの日常においてストレスがかかると、同じこと、つまり私たちの心の本当の性質が現れます。大切なのはキリストが私たちをどう思うかであって、人の評価じゃない、そう私たちは通常言うでしょう。しかし理念としてはイエスが私たちの救い主であっても、実際は他のものが依然、私たちの心を所有し続けるのです。ヨナの例は、頭で福音を信じることと、それを心深くに刻みつけること、またそれによって私たちの考え、感情、行動すべてに影響を与えるようになることとの違いを教えています。彼はご覧のように、まだその偶像によって大きく支配されていました。

偶像、思考、感情

偶像礼拝はヨナの思考に歪みをもたらしました。[110] ほとんどの人に狂っていると思われるような、弾劾説教をし続けたヨナでした。それなのに、どうして愛、あわれみ、忍耐を持つ神に怒りを燃やすことができたのでしょうか。同じ理由でヤコブは恋の病にやつれ、ザアカイはその貪欲さで国と周囲の人間をだましました。それぞれの偶像に心奪われ盲目になっていたからです。

偶像が人の心を奪うと、成功、失敗、幸せ、悲しみといったものについて偽りの定義を示し出します。現実をその定義自体から覆すのです。愛、忍耐、あわれみの力強い神を良い神だと思わない人はいないでしょう。しかし、あなたの偶像のせいで、究極的な善が権力や地位になると、それを邪魔するものは何であれ、悪と定義されるようになるのです。神の愛がイスラエルの敵を打ち砕くのをやめたとき、ヨナはその偶像によって神の愛を悪だと定義したのです。究極的に偶像とは、善を悪、悪を善へとひっくり返すことのできる力を持っています。[III]

偶像はまた、思考のみならず、私たちの感情に歪みを与えます。

主は仰せられた。「あなたは当然のことのように怒るのか。」ヨナは町から出て、町の東のほうにすわり、そこに自分で仮小屋を作り、町の中で何が起こるかを見きわめようと、その陰の下にすわっていた。神である主は一本のとうごまを備え、それをヨナの上をおおうように生えさせ、彼の頭の上の陰として、ヨナの不きげんを直そうとされた（救い出そうとされた）。ヨナはこのとうごまを非常に喜んだ。しかし、神は、翌日の夜明けに、一匹の虫を備えられた。虫がそのとうごまをかんだので、とうごまは枯れた。太陽が上ったとき、神は焼けつくような東風を備えられた。太陽がヨナの頭に照りつけたので、彼は衰え果て、自分の死を願って言った。「私は生きているより死んだほうがましだ。」すると、神はヨナに仰せられた。

「このとうごまのために、あなたは当然のことのように怒るのか。」ヨナは言った。「私が死ぬほど怒るのは当然のことです。」（ヨナ４・４〜９）

ヨナは軽蔑する町を離れ、自分のために仮小屋を作ります。神がもしやニネベに対する考えを変えて、ニネベに罰を与えるかもしれないと願っていたからです。しかし、神の心配は今ヨナに向けられていました。「とうごま」の木は成長の早い木で、すぐに葉を茂らせヨナの日よけになりました。青々とした葉と涼しさは、意気消沈した預言者には何よりの慰めでした。しかし神は新しく、しかし些細なことでヨナをがっかりさせます。とうごまを枯らしたのです。ヨナの感情は生々しく、この失望感はまたも彼を絶望の縁へと追いやります。再び怒りに燃えた彼は、生きているのも嫌だと言い張ります。今回は神が彼にその怒りはあってしかるべきかと問うと、ヨナははっきりとそうだと言い返し、「死ぬほど怒っている」と答えるのです。

神はこのことについてはっきりと彼に言及します。怒りは間違っているとは言いませんでした。神自身、その「燃える怒り」を不正や悪に対して語っているからです。しかしヨナの怒りは当然でも適切でもありませんでした。

偶像礼拝は感情に歪みを与えます。もともと良いものが究極的な存在になったものが偶像ですが、同じように私たちの欲求も偶像によって、私たち自身を麻痺させ圧倒させるものへと変わります。偶像は「私はこれを達成できない＝私の人生は意味がない」とか「これを失い、失敗したから、私はもう二度と幸せになれないし、赦されない」といった偽りの信念を生み出します。このような信念は、普通の落胆や失敗をまるで人生が終わりであるかのような経験へと拡大化するのです。

かつて私の教会に出席していたマリーは成功した若い音楽家でした。何年もの間精神的な病に悩まされ施設に入ったり出たりを繰り返していました。あるとき、私は彼女の牧師として必要な情報を提供してもらうため、許可を得て、彼女のセラピストに会ったことがあります。「マリーは実際のところ、両親から認められること自体を礼拝しているようなものですね」とカウンセラーが言いました。「どうやらご両親は彼女に世界的にトップレベルの音楽家になってほしいと思っているみたいです。もちろん彼女は才能がありますが、その分野での世界的権威になるのは難しいでしょう。しかし、両親を失望させ続けるという状況で生きることもまた困難なのです」。投薬は鬱症状に効きましたが、根本的な治癒には至りません。彼女の問題は、偶像に突き動かされた偽りの信念にありました。「世界的に有名なバイオリニストにならなければ、両親は落胆するし私の人生は終わりだ」と自分に言い聞かせていたのです。ストレスと罪悪感に苛まれて自殺願望に駆られていました。マリーが音楽家としての成功ではなく、恵みによって救われたという福音を信じ始めたとき、「私の父、私の母が、私を見捨てるときは、主が私を取り上げてくださる」（詩篇27・10）と信じたとき、彼女は両親の承認を受けなくてはという偶像礼拝的な必要から解放され始めました。鬱と不安に苛まれる時間が少なくなり、人生と音楽家としてのキャリアを再び取り戻しました。

悔い改めと償いを持って取り去られる合法的とも言える罪悪感がある一方、何によっても消すことのできない罪悪感があるのも事実です。誰でも「神が私を赦してくれるのはわかるけれど、自分で自分が赦せない」と言うとき、それはつまり、その人の偶像が赦してくれないと言っているのです。その人にとっては自分の偶像に認められることが、神に認められることよりずっと重要だからです。偶像は、人生において神のような機能を果たします。私たちはキャリアや両親からの承認を神の代わりに偶像にします。それに失敗すると、その偶像によって一生私たちの心は呪われるのです。失敗者だ、という感覚を拭い去ることがどうしてもできないのです。

偶像礼拝が将来にまで及び、いつか偶像が脅かされるのではないかと思うと、麻痺させるような恐れ、不安を生み出します。過去に及ぶと、偶像を満足させられなかったという、永続的な罪悪感を生み出します。現在の生活に及び、偶像が邪魔される、あるいは取り除かれそうになる状況に直面すると、私たちの心は怒りと絶望でかき乱されます。[112]それがまさにヨナの心に起こっていたことでした。ヨナはなぜ生きる希望を失ったのでしょうか。人生の意味を見失わない限り、人は生きる希望を失いません。彼にとっての生きる意味は、自国が自由になることにありました。

それ自体は悪くないのですが、それを究極の目的にしてしまったのです。アッシリアが彼にとって憎悪と怒りを向ける対象になったのは、もはや習慣化した彼の偶像の障害物とみなされたからでした。今、神とそのあわれみが、ヨナを怒りと絶望で満たしたのは、ヨナ自身のどから手が出るほど欲していたイスラエルの将来に対して、主そのものがとてつもない障害物として立ちはだかっていたからでした。

究極のヨナ

主は仰せられた。「あなたは、自分で骨折らず、育てもせず、一夜で生え、一夜で滅びたこのとうごまを惜しんでいる。まして、わたしは、この大きな町ニネベを惜しまないでいられようか。そこには、右も左もわきまえない十二万以上の人間と、数多くの家畜とがいるではないか」（ヨナ４・10〜11）

神はヨナに面と向かい合い、事実を突きつけました。ヨナが、「右も左もわきまえない」多くの人たちよりも、自分自身の日焼けに憤慨していたという事実を、です。自分の国と自らの道徳的正しさに頼るという、偶像礼拝的な彼の愛は、世界最強の都市に対してあわれみを向けることを拒みました。彼の興味はただ一つ、自国の解放だけでした。

しかし神は違いました。ヨナを指導するために、ヨナと自分との間にある明白な違いを表したのです。ヨナに、快適な領域、自分が安心できる場所から出て行って、彼自身をもしかすると傷つけるかもしれない人たちに、愛をもって宣教するようにと依頼したのです。最初は全く行く気がなかったヨナでしたが、最終的には足を向けました。ただし、あわれみなしに、です。神はこう応答しました。「あなたはこの町にひとかけらもあわれみをかけなかったが、私はかける」。神は、ヨナが拒否したまさにその方法で、邪悪で暴虐に満ちた都市を愛すると、ほのめかしたのです。

それはどういう意味でしょうか。ヨナがしなかったことを神がするとは、どのように、でしょうか。

何世紀も後、自分は究極的なヨナだと言って聴衆を驚かせた人物がいました。（マタイ12・39～41）。イエス・キリストは地上に現れたとき、自分を傷つけるかもしれない人だけでなく、実際に傷つける人々のために、究極的に快適な場所を離れたのでした。そして彼らを救うために、宣教する以上のことをしなければなりませんでした。それは、彼らのために死ぬということです。ヨナが死んでもいいと思ったもう一方で、究極的なヨナであるイエスは実際に死に、そして、よみがえりました。それは、まさにイエスが言ったヨナのしるし（マタイ12・39）でした。

イエスは究極のヨナである、ということを別の角度から見てみましょう。マルコ4章では、イエスの人生が明らかに旧約の物語を想起させるものだということがわかります。ひどい嵐のまっただ中で、ヨナのように寝入っているイエス。船員たちのようにイエスの弟子たちは恐れに駆られてイエスを起こし、嵐をどうにかしてくれと迫る。どちらのケースも、嵐は奇蹟のように静まり、船は神の力によって助かります。

しかし、ここに大きな違いが一つあります。ヨナは吹きすさぶ風と波の嵐の真ん中に投げ込まれただけでした。イエスは十字架という、究極の嵐に投げ込まれたのでした。神が表さなければならなかった聖なる義を前に、私たちが間違った生き方ゆえ受けなければならなかった罰を代わりに受けるためでした。私は自分の偶像に葛藤するとき、このイエスを思います。この究極の嵐の前に、自らすすんで頭を垂れ、正面から向かって行った、しかもこの私のために飛び込んだ、そのイエスを、です。イエスは恐れの嵐に沈んでいきました。私が人生のどんな嵐をも、もはや恐れなくて済むように、です。それが私のためであったのなら、私の存在価値、自信、人生における意義すべてがイエスにあります。この地上での嵐はたくさんのものを奪いさります。私のこの肉体的ないのちを奪うこともできるでしょうが、私の「いのち」を取り去ることはできません。

神は、あの巨大な、しかし失われた都市を、ヨナとは違った方法で愛することを示しました。究極のヨナである、イエス・キリストの福音の中で、その愛は完了したのです。

ヨナと私たち

ヨナ書は一つの質問で終わります。「あなたの愛は、本当に私の愛のようなものだろうか。自分自身とその偶像礼拝に埋もれていないで、私のために、他者のために、そこから出てきてくれないかい？」　そして私たちは、答えが出されるのを待ちます。しかし、与えられないのです。物語はそこで終わってしまうからです。

しかしこの結末は、すばらしく満足のいく結末でもあります。ヨナが悔い改め光を見出したかを知る必要が、私たちにはないからです。彼は確かに悔い改めたでしょう。どうやってわかるか、ですか？　彼自身が誰かに話したのでなかったとしたら、実際どうしてこのヨナの話を私たちが今知ることができるのでしょうか。そして、どの頁でも愚かな悪役として自分が描かれる物語を、当の本人がなぜ話したのでしょうか。神の恵みがその心の中心に届いたからという以外に、この物語が語られた理由が見つからないとは考えられないでしょうか。

それならば、なぜヨナの応答は最後に描かれていないのでしょうか。まるで神がヨナの心に愛の叱責の矢を定め、放ち、突如ヨナの存在がなくなり、私たちだけが物語の道端に取り残されたかのような印象を与えます。しかし、そこでその質問は、私たちにまっすぐに向けられるのです。

それは、あなたもヨナであり、私もヨナだからです。私たちは、その偶像に心奪われ、都市に住む「変わっている」人たち、あるいは家族や親戚の中にいる、愛しにくい人たちに見向きもしないからです。この質問を受けて、私たちはヨナのように変えられたいと思うでしょうか。もしそうなら目を向けなくてはならないのは究極のヨナです。そのしるし、イエス・キリストの死と復活を見上げる必要があるのです。

第7章　偽りの神々の終焉

これほど共通するものはない

十七世紀のイギリスの牧師、デービッド・クラークソンは、偽りの神々に関する理解と探求心に満ちた説教をしました[113]。偶像礼拝について彼はこう言っています。「偶像を実際に所有している者はそういないが、これほど巷に蔓延しているものもない」[114]。もし魂を家にたとえるなら、「偶像は家のすべての部分、どの部屋にも備えつけられている」と言います。神の知恵に自分の知恵を、神の意思に私たちの欲求、神の尊厳に自分の名誉を見出したいと願う私たちです。クラークソンは私たちが人間関係を神よりも影響力のある、重要なものにする傾向があるとしました。実際、「人間はその敵さえも神の代わりにする。……問題に直面し、平常心を失い、自由を、財産を、いのちさえ失うのではないかという懸念や心配を、神に喜ばれないことは何か、ということより優先している」というのです[115]。人間の心は、実に大量生産する偶像工場なのです。

こういう状況で私たちに希望はあるのでしょうか。もちろんあります。ただし、もし偶像が単に取り除くことのできる存在ではないと、私たちが理解し始めるなら、です。取り除かれるだけでなく、そこに違うものを置き換えなければならないのです。偶像を単純に根こそぎ取り除こうとしても、必ず新しく蔓(つる)を伸ばしてきます。しかし何かをそこに植え替えることはできます。何を、でしょうか。もちろん、神そのものです。しかし、神を、というのは、一般的な神の存在への信仰を意味しているのではありません。それなら、ほとんどの人が持っています。しかし、それでも人々の魂は偶像に惑わされるのです。そんな私たちに必要なのは、神との生きた出会いです。

2章で取り上げたヤコブは、確かに神を信じてはいました。しかし、虜になっていた偽りの神々を打ち負かすにはそれ以上の何かが必要でした。創世記32章に、それが見られます。聖書の中でも最も力強くドラマチックな語り方です。そしてまた最もミステリアスでもあります。しかし、それは明らかにヤコブの人生の中心を示すものとして存在しています。

帰ってきた弟

ヤコブは遠い国へ逃げ、多くの困難にもかかわらず、そこで大成しました。しかしおじのラバンといとこたちはヤコブに対して否定的で、嫉妬を感じていました（創世31・1〜2）。ヤコブはそこを立ち去るか、争い、つまり暴力的な対立に直面するかを選ぶしかないと感じ始めていました。そしてついに、ここに来てから増えた自分の家族、二人の妻のレアとラケル、そしてすべてのしもべ、家畜を連れて故郷に帰ることにしたのです。

創世記の著者は、短くも注目すべき、もう一つのストーリーを記しました。ヤコブの妻ラケルが、出発の際、父ラバンの家から偶像を持ち出した、という記述です（創世31・19）。なぜ彼女はそのようなことをしたのでしょうか。万が一の時の安心のためとも考えられます。ラケルはこう思ったのかもしれません。――レアを助けたように、私が困ったとき、主は助けてくれるかもしれない。でももし助けてくれなかったら、前に礼拝していた神々に助けを求めよう――しかし、主は、困った時の神頼みのうちの一つとして加えられるような存在ではありません。私たちが達成しようとしていることを助けてくれる支えの一つ、という存在におさまっていられるような方ではないのです。神という存在そのものが、全く新しい取り組むべき課題なのです。ラケルはこれをまだ学んでいませんでした。主が救いをこの家族を通して将来もたらそうとしていた、その家族自体が深い機能不全を起こし、恵みを必要としていました。

ヤコブは、家族全員と財産すべてを持って故郷に向かい旅立ちました。しかし、故郷が近づいた頃ある緊急の知らせを受けました。「私たちはあなたの兄上エサウのもとに行って来ました。

あの方も、あなたを迎えに四百人を引き連れてやって来られます」(創世32・6)。ヤコブの恐れていた最悪の事態でした。一部隊にもなる人数を連れて来るなど、エサウがヤコブを攻撃しようとしているのでなかったら、何だというのでしょうか。取るものも取りあえずヤコブは行動に出ました。神に助けを求めて祈りました。エサウのもとに非常に多くの家畜を贈り物として届けさせました。エサウがもし攻撃しても、全滅しないように家族と家畜を二つの宿営に分けさせました(創世32・7〜8)。このような準備をしてから、順番に送り出し、ヤコブは一人夜を明かすために残りました。

祝福を受けるための格闘

ヤコブは、彼の人生のクライマックスとも言うべき日が翌日来ることを察知していました。彼は今までの人生、エサウと競い合ってきました。母の胎内で、双子のエサウとヤコブは「ぶつかり合う」(創世25・22)というくらいに活発でした。成長する中で、ヤコブはエサウと、父の愛と家族内での権威と主導権を巡って闘いました。父親はいつでもヤコブよりエサウをかわいがったので、傷つく以上の感情が弟ヤコブに芽生えていたのは想像に難くないでしょう。ついにイサクがエサウに祝福の儀式をする日になりました。生まれながらの長子の権利、財産の一番多い部分を相続するという日でした。しかし、ヤコブはエサウに成りすまし、ほとんど視力を失った父親をだまして、長子の権利を受ける祝福を授かりました。そして、逃げたのです。何が起こったかを知ったエサウがヤコブを殺すと誓ったからです。こうして、ヤコブは一生追われる身となったのでした。

なぜヤコブはエサウの祝福を盗んだのでしょうか。現代の読者にとって彼の動機は理解しがたいかもしれません。ヤコブはもちろんその嘘がすぐにばれることを知っていました。イサクが家族の財産のほとんどを、本当はヤコブに与えたりしないことも。ヤコブが得たのは儀式的な承認でした。たったそれだけのために、なぜそんな大それたことをしたのでしょうか。私が思うに、それはヤコブが、たとえ嘘であったとしても、父から「この世界中で何よりもおまえを喜んでいるよ」という言葉を聞きたかったからではないでしょうか。人間は誰しも、祝福を必要としています。私たちは、自分以外の誰かから、私たち独自の個性、価値を認めてもらう必要があるのです。あなたが最も愛する人からの愛と賞賛、それにまさる報いはあるでしょうか。私たちはみなこの深い賞賛を、両親から、伴侶から、仲間から求めるのです。

ヤコブの人生は、この祝福を得るための長い格闘でした。父の口から祝福の言葉をもらうため、エサウと格闘しました。ラケルの表情に愛を見ようと、ラバンと闘いました。しかし、どれもうまくいきませんでした。どんなにがんばっても、彼の心のどこかにぽっかり空虚の穴が空いたままでした。自分自身の親族との関係でさえこんなに波瀾万丈だったのです。ラケルとその子どもたちに対する彼の偶像礼拝的な愛は、レアとその子どもたちの人生に悪影響を与え、彼は後にその苦い実をもぎとることになるのでした。

そして、今やエサウはこちらに向かっている。父の愛を、家督を、運命を、幸福を自分から奪った男。しかも一個軍隊を携えて。明日はいよいよ最後の戦いになるだろう――。ヤコブが最後の夜を人生の清算のために一人で過ごしたかったとしても、おかしくないでしょう。しかし、その晩、深い暗闇の中で、思いがけず一人の人に戦いを挑まれました。何時間にも及ぶ長い格闘でした。

見知らぬ不思議な人

ドラマチックな展開は簡潔に描かれています。

ヤコブはひとりだけ、あとに残った。すると、ある人が夜明けまで彼と格闘した。ところが、その人は、ヤコブに勝てないのを見てとって、ヤコブのもものつがいを打ったので、その人と格闘しているうちに、ヤコブのもものつがいがはずれた。するとその人は言った。

「わたしを去らせよ。夜が明けるから。」しかし、ヤコブは答えた。「私はあなたを去らせません。私を祝福してくださらなければ。」その人は言った。「あなたの名は何というのか。」彼は答えた。「ヤコブです。」その人は言った。「あなたの名は、もうヤコブとは呼ばれない。イスラエルだ。あなたは神と戦い、人と戦って、勝ったからだ。」ヤコブが、「どうかあなたの名を教えてください」と尋ねると、その人は、「いったい、なぜ、あなたはわたしの名を尋ねるのか」と言って、その場で彼を祝福した。そこでヤコブは、その所の名をペヌエルと呼んだ。「私は顔と顔とを合わせて神を見たのに、私のいのちは救われた」という意味である。彼がペヌエルを通り過ぎたころ、太陽は彼の上に上ったが、彼はそのもものために足を引きずっていた。（創世32・24〜31）

この見知らぬ不思議な人はいったい誰だったのでしょうか。ナレーターはわざと読者には明らかにしませんが、いくつかのヒントを残しています。まず、力強く「打った」（25節）です。ヘブル語で「打つ」はごく軽い接触や軽く叩くことを意味しますが、この場合ヤコブのももを、その指で軽くたたいたのにもかかわらず、それは関節がはずれるほどでした。しかも一生治らない傷となりました。今やこの相手が、ヤコブを殺さないように手加減しているということが見て取れます。驚異的、超人的力を持った存在でした。

そして、その人は夜明け前に去らないといけないと主張します。なぜでしょうか。ヤコブは神の顔を見てなおも生き続けられる者がいないと知っていました（出エジプト33・20）。それが、この人が夜明け前に去りたかった理由なのだと、あとでヤコブは悟るのです。それはただヤコブを守るためでした。ヤコブが「神を見たのに、私のいのちは救われた」と言っているように、です。たぶん夜が明け始める薄暗さの中で、神がその姿を消す直前、ヤコブには神の顔の輪郭をかろうじて窺うことができただけだったのでしょう。もし日中の明るさの中で見たら、一瞬でヤコブは死んでいたかもしれないからです。

弱さを超えて勝つ

ヤコブは誰と格闘していたのかを知りました。神そのものでした。それを知ったとき、太陽が上ってきたとき、彼は今までしたこともないような驚くべきことをしたのです。「お願いだ、逃がしてくれ、まだ死にたくない！」とは言わずに、真逆の行動に出ました。神にしがみつき、「祝福してくれるまで離しません」と言ったのです。正気の沙汰でありません。

言い換えると、ヤコブはこう言っていたようなものなのです。

私は何てばかだったんだ！　今までずっと探し求めていたものが、ここにあるじゃないか！　神の祝福だ！　父から認めてもらえば、美しいラケルに愛してもらえば、満足できると思っていた。でも、それはあなたからしかもらえない。だから、あなたが祝福してくれるまで、絶対離しません。他のことなんてもうどうでもいい。ここで死んだってかまわない。神の祝福がなければ、私には何もない。私自身でさえない。神の祝福がなければ。

結果、神は「その場で彼を祝福した」とあります。不思議な、謎に満ちた言葉です。聖書の祝福はいつも言葉を伴います。神がヤコブの心に何か語りかけたのでしょう。しかし、何を、でしょうか。それは書かれていません。それはもしかしたら、後にヤコブの子孫が天から語りかけられる祝福の言葉に似たものだったかもしれません。「あなたは、わたしの愛する子、わたしはあなたを喜ぶ」（マルコ１・11）。神がヤコブに何を語ったのか詳細を知ることはできませんが、神の祝福ほどすばらしいものはなかったでしょう。その場を立ち去るヤコブは、まさに福音を信じた者を映す鏡のようです。その後ずっと足を引きずるようになったけれど、ずっと心は満たされた者の姿です。謙虚にさせられ、同時に大胆にさせられました。

そういうわけでヤコブは勝ったのです。神は言いました。「あなたは神と戦い……勝ったからだ」。彼が勝利を得たのは、この謎に満ちた格闘家の神性に気づきながらも、逃げずにしがみついたからです。今までずっと追い求めてきた祝福をついに手に入れたのでした。それからすぐ、ヤコブはエサウとその一群に出会いますが、エサウが喜んで彼を故郷に迎えようとしていたことを知り、ほっとします。こうして長きにわたった家族間の確執は和解を迎えたのです。

神の弱さ

ヤコブの人生をここまで見た読者は困惑するでしょう。ヤコブの人生を通してずっと、彼は勝ち組のヒーローとしては描かれていないからです。美徳の鑑（かがみ）として振舞ったことは一度もなく、常に愚かでまわりくどい、そして時には悪意のある行動を繰り返しました。神からの祝福を受けるには到底値しないような人物に思えます。神が聖であり義であるなら、なぜヤコブにこれほど恵み深かったのでしょうか。なぜ神は彼を殺さないように弱い格闘家を演じたのでしょうか。そして、なぜ彼が誰と闘っているのかわかるためのヒントを与え、そしてあまりにも必死にしがみついているだけで彼を祝福したのでしょうか。

答えは聖書を読み進むとわかります。神が再び人間として現れるときにです。暗闇の中で、ヤコブを相手に、ヤコブの命を救うために神は弱いふりをしました。しかしカルバリの丘の暗闇で、神は人として現れ、私たちを救うために本当の意味で弱さを経験しました。ヤコブは命をかけて、神にしがみつきました。神の祝福を得るためです。しかし避けることもできた十字架を前に、イエスは命をかけて、神に従いました。自分が祝福を受けるためではなく、私たちがその祝福を受けるためでした。

キリストは、私たちのためにのろわれたものとなって、私たちを律法ののろいから贖い出してくださいました。なぜなら、「木にかけられる者はすべてのろわれたものである」と書いてあるからです。このことは、アブラハムへの祝福が、キリスト・イエスによって異邦人に及ぶためであり、その結果、私たちが信仰によって約束の御霊を受けるためなのです。（ガラテヤ３・13〜14）

なぜヤコブはそんなにも神に近づきながら、生きながらえることができたのでしょうか。それは、私たちの罪の代価を支払うために十字架にかかって死んだ、そのような弱さをもって現れたイエスによってです。アブラハムに約束された神の祝福は、「キリスト・イエスによって……及ぶためであり、その結果、私たちが信仰によって約束の御霊を受けるため」とあります。「約束の御霊」とは何なのでしょうか。ガラテヤの中で、パウロはその後こう書いています。「神は『アバ、父』と呼ぶ、御子の御霊を、私たちの心に遣わしてくださいました」（ガラテヤ４・６）。アバとはアラム語の「父」の愛称で、大まかに訳すと「パパ」といったところでしょうか。親の愛を信じて疑わない小さな子どもが使うような言葉です。パウロは、あなたが福音を信じるなら、聖霊が神の愛と祝福をあなたの心に実存的な現実として実感させてくれる、というのです。

神の祝福、それがあなたの心の奥底で実感できたことはありますか。「あなたは私の愛する子、私はこれを喜ぶ」という言葉が、尽きることのない喜びと力の源になっているでしょうか。聖霊を通して、神が自分に語ったと思われることはあるでしょうか。聖霊を通しての祝福は、キリストを通して私たちのものになります。その祝福は、ヤコブが受け取ったもので、偶像礼拝に対する唯一の処方箋でもあります。その祝福だけが、偶像を不必要とするのです。ヤコブにもあったように、私たちは大抵これを「すべて間違ったところで祝福を捜し続けた」あげくにやっと見つけるのです。足を引きずらなければならないほどの弱さを経験してから、やっと気がつくことがしばしばです。最も神に祝福された人たちの多くが大喜びで踊りまわる、その足が引きずられているのは、そのせいなのです。

なぜなら、神の愚かさは人よりも賢く、神の弱さは人よりも強いからです。（Ⅰコリント1・25）

終　章　偶像交換

何が偶像かを見きわめることの大切さ

自分の心と文化を知るためには、その背後にある偽りの神々を見きわめることが重要です。ローマ1・21～25で、使徒パウロは偶像礼拝を多くの罪のうちの一つとして示すだけでなく、人の心がそもそもどう間違っているかを示しています。

それゆえ、彼らは神を知っていながら、その神を神としてあがめず、感謝もせず、かえってその思いはむなしくなり、その無知な心は暗くなりました。……それは、彼らが神の真理を偽りと取り代え、造り主の代わりに造られた物を拝み、これに仕えたからです。（ローマ1・21、25）

パウロはこの世界で起こる悲惨や悪により起こる罪を長いリストにして示しますが、どれもこの土壌、つまりゆるがない「偶像生産」という人間の衝動に根付いていることが表されます。[116] 言い換えれば偶像礼拝はいつでも私たちが何か間違った行動を起こす理由なのです。マルチン・ルターほどこれを的確に把握した人はいないでしょう。『大教理問答書』（一五二九年）と『善い行いについて』で、彼は十戒が偶像礼拝に反対する命令から始まっていることを指摘しています。なぜ、それが最初に来るのでしょうか。彼によると、律法を破る行為の背後にある基本的な動機が偶像礼拝だからです。[117] 第一の戒めを破ることなく、他の戒めを破る、ということはないのです。なぜ私たちは、愛すること、約束を守ることに失敗し、自己中心に生きてしまうのでしょうか。もちろん、一般的な答えは、「私たちは弱く罪深い」からでしょうが、現実の様々な状況において具体的に答えるなら、何かあなた自身が幸せに感じなければいけないこと、神自身よりもあなたの心にとって重要なものがあるからではないでしょうか。人からの評価、評判、他者に対する権力、経済的な有利さなどを神の恵みや愛よりも優先するからこそ、嘘をつかなければならなくなるのです。変わりたいと思うなら、あなた自身の心にある偽りの神々を洗い出し、取り壊す作業が必須です。

偶像を見きわめることなしに文化を理解することは不可能です。ユダヤ人哲学者ハルバータルとマーガリトはそれを明らかにし、偶像礼拝は単に儀式的礼拝にとどまらず、有限の価値を土台に広がる感受性、人生そのものであり、造られたものに神のような究極性を与えることだと言います。聖書にはもちろん、偶像礼拝から立ち返ることは、偶像が生み出す文化をも拒否することが含まれています。神はイスラエルに他国の神々を拒否するだけでなく、「彼らの風習にならってはならない」（出エジプト23・24）とも言います。文化的批評なしに偶像に挑む方法は他になく、また偶像を見きわめ、挑むことなしに文化的批評はできないのです。[118] アテネとエペソでの使徒パウロの説教（使徒17章、19章）がいい例です。パウロがエペソの町の神々に挑んだのは（使徒19・26）、新しい信者たちの消費形態があまりにも変わり、地域の経済にまで影響を与えるほどだったからです。それが地域の商人たちによる暴動にまで発展しました。現代社会のクリスチャンが皆と同じように物質主義的だと見る読者もいるかもしれません。それは、もしかしたら、私たちの福音の説教がパウロのものとは違い、現代文化の偽りの神々を十分に暴き出していないからではないでしょうか。

偶像を見きわめる

私はあなたが偽りの神々を持っているかどうかをただそうとしているのではありません。私たちは皆、すでにそれらを持っているからです。それが隠されているから、誰も見ていないだけなのです[119]。ですからこう質問しましょう。「その神々をどうするのか。その神々の力に屈し続けるのではなく、どうしたらその存在をますます明らかにできるのか。その偶像から解放され、私たちにとっても周囲にとっても最善の、健全な決断および賢明な選択はどうしたらできるのか。どうやって私たちの偶像を見分けたらいいのか」

まず私たちが何を想像するかに注目しましょう。英国大主教ウィリアム・テンプルはかつてこう言いました。「あなたの宗教とは、あなたが一人だけのときにすることだ」[120]。言い換えると、心の内側に実際にある神とは、他の何も注意を引くことがないようなときに自然と自分の心が向かうようなもののことなのです。例えば、あなたはどんな白昼夢を思い描くのが好きですか。他に何も考えることがないとき、どんなことがあなたの心を占めているでしょうか。どうやって昇進していけるかというシナリオを思い描くでしょうか。それともどんな家に住みたいかといった物資的な願いでしょうか。あるいは特別な誰かとの人間関係。誰にでも一つや二つある、そういった心の慰みが偶像礼拝の兆候だというわけではありません。それよりも、もっと習慣的に、誰も知らない自分の心の中だけで密かに、いつもどんなことを考えて悦に入っているかということを、自問してみてください。

本当に自分が愛しているものを見分けるもう一つの方法は、自分のお金の使い方に注目することです。イエスは言いました。「あなたの宝のあるところに、あなたの心もあるからです」（マタイ6・21）。お金というのは、あなたの心がどこに重きを置いているかによって、自然にそちらへと流れて行きます。実際、偶像のしるしは、あるものにお金をかけすぎることと、だから常に使いすぎないように自制しなければならない、ということからも窺えるからです。使徒パウロが書いているように、もし神とその恵みが世界で最もあなたの愛するものだとしたら、宣教、慈善、貧困にあえぐ人に驚くほどの額を寄付することができるでしょう（IIコリント8・7〜9）。しかし実際には、私たちのほとんどが、服、子どもの教育、家や車などのステータスシンボルのためにお金を使っています。このように私たちの消費傾向は、私たちの偶像を暴き出します。

偶像を見きわめる三つ目の方法は、神への信仰を告白している者に最も有効な手段です。定期的に礼拝に出席している、教理を十分に理解し深く傾倒している、神を信じ神に従うことに非常に熱心だという部類にあなたが入るとしたら、あなた自身が本当に毎日の生活で実感し、そこから生きることのできる救いとはいったい何でしょうか。あなたは、具体的に毎日、何のために生きていますか。あなたの本当の、単に口で告白する以外の、神とは何でしょうか。これを見きわめるいい方法は、答えられなかった祈りと、なかなか実現しない希望に対するあなた自身の反応に注目することです。何か求めても与えられなかったとき、悲しみと失望を覚えるでしょう。それでも、前に進みます。実際人生が終わったわけではないし、そういうものがなくても生きていける、と。しかし、祈り、努力しても与えられないことで爆発的な怒りと深い絶望を感じるなら、そこにこそあなたの本当の神を見出せるはずです。ヨナのように、もう死んでしまいたい、と思うほど怒っているのですから。

そして、最後の方法は、すべての人に共通します。それは、最も自制できない自分の感情を見つめることです。[121] 濁っている水面のどこに行ったら魚が見つかるかを知っている漁師のように、あなたの心の奥底の最も痛みのある感情、特にどうしてもなくならない、あるいは悪いとわかっていながらそうせざるをえない衝動となる感情を見つめてみてください。怒りを感じるなら、こう自問してみてください。「ここに、私にとって、あまりにも大切すぎるものがあるだろうか。何か、どんなことをしてでも持っておきたいと私が思っているものはないだろうか」。同じように、強い恐れ、絶望感、罪悪感についても取り扱ってみてください。「なぜ、こんなにも恐れているのだろうか。私の人生でそれほど必要でない何かをどうしても必要だと思い、それが今、奪われそうになっているからだろうか」と自分に問いかけてみてください。働き過ぎで、いつでも狂ったように何かをしていないと気がすまない自分を見出すなら、こう自分に問いかけてください。「私がこれをどうしてもしなければならないと感じているのは、そうすることで達成感や充実感を得られるからだろうか」。そのように自問するとき、つまり「感情をその根っこから根こそぎ引き抜く」とき、芋づる式に複数の偶像が連なって現れ出るのを見つけるでしょう。

デービッド・ポーリソンはこう書いています。

……神がそれぞれの人の心に投げかける最も基本的な質問、それはこういうものだろう。「イエス・キリスト以外の何か、あるいは誰かに、あなたの心が事実上信頼し、没頭し、忠誠を尽くし、仕え、恐れ、喜んでいないだろうか。こういった質問は……私たち人間の偶像システムを表面化させる。『人生の安定、安心、受容を誰にどこに見いだそうとしているか……〔人生から〕本当は何を欲し、期待しているか。何が自分を受け入れられる人間にする、と考えているのか。権力や成功をどこに見いだそうとしているのか。』このような質問は、私たちが神か偶像のどちらに仕えているのか、あるいは、キリストか偽りの救い主のどちらから救いを得ようとしているかを、うまく探り出すきっかけになる」[122]

偶像を置き換える

コロサイ人への手紙で、パウロは「むさぼりが、そのまま偶像礼拝」だとして、それも含めた心にある悪い思いを「殺してしま」うよう熱心に勧めています（コロサイ3・5）。しかし、どうやってでしょう。パウロはその前の節でその方法を示しています。

こういうわけで、もしあなたがたが、キリストとともによみがえらされたのなら、上にあるものを求めなさい。そこにはキリストが、神の右に座を占めておられます。あなたがたはすでに死んでおり、あなたがたのいのちは、キリストとともに、神のうちに隠されてあるからです。私たちのいのちであるキリストが現れると、そのときあなたがたも、キリストとともに、栄光のうちに現れます。ですから、地上のからだの諸部分、すなわち、不品行、汚れ、情欲、悪い欲、そしてむさぼりを殺してしまいなさい。このむさぼりが、そのまま偶像礼拝なのです。（コロサイ3・1〜5）

偶像礼拝は、単に神に従えなかったということではありません。むしろ自分の心が神以外の何かのために生きている、という状態です。この症状は、偶像があることを認め、悔い改めるだけでは十分な治療にはなりません。意志を強くもって、違う生き方をしようと努めることにも、効果はありません。偶像から背を向けるには、以上のような治療方法だけではなく、それ以上の何かが必要です。「いのちは、キリストとともに、神のうちに隠されてあるから……上にあるものを求めなさい」（コロサイ3・1〜3）とは、イエスがあなたのためにしたことを感謝し、喜び、そこに憩うことを意味します。その結果として、喜びに満ちた礼拝、祈りの中に神の存在を実感するようになります。そうやってイエスを想像すると、今までよりももっと美しく、あなたが今まで持ってきた偶像よりももっと魅力ある存在になるはずです。それが偽りの神々を置き換えるという作業です。偶像を追い出しても、キリストの愛を「植える」ことができないなら、偶像はまたその芽を出します。

喜びと悔い改めはセットになっています。喜びのない悔い改めは、絶望を生み出します。悔い改めのない喜びは浅く、深い変化というよりもその場しのぎの改心しか生み出しません。私たちへのイエスの犠牲的な愛を十分理解し喜ぶときにこそ、私たちは自分の罪を最も身近に感じるのです。悔い改めなかったらどうなるかという結果を恐れて悔い改めるなら、私たちは罪について本当に悪かったとは思ってはいません。むしろ、そんな結果を受けてしまう自分自身をかわいそうだと感じているのです。恐れに基づいた悔い改めは（「ちゃんとしないと神につかまる」といった）実際は自己憐憫というものです。罪を罪として憎むことを学ばず、むしろそれが持つ甘い魅力にとらわれているのです。自分のために罪を犯さないようにするということだけを学びます。しかし私たちに対する、神の犠牲的で苦しみを伴った愛を喜んで受け入れるとき、私たちを罪から救うためにどれだけの代価が支払われたのかを見るそのとき、私たちは罪を罪そのものとして憎むことを学ぶのです。その罪が神にどれだけの犠牲を払わせたかに気がつくのです。神の無条件の愛（イエスの死という高価な代償）を私たちに最も保証するものが、同時に私たちの罪による悪を最も有罪とするのです。恐れに基づいた悔い改めは自己嫌悪を生みます。反対に喜びに基づいた悔い改めは、罪への嫌悪を生むのです。

キリストにあって喜ぶことがそれほど重要なのは、偶像がほぼいつも良いものだからです。仕事や家族を偶像にしてしまったとしても、仕事や家族を愛することを全くやめてしまいたいわけではないでしょう。むしろ、他のどんなものよりもキリストを愛しているので、私たちの愛情の対象の奴隷になる必要はもうないということなのです。聖書の中の「喜び」とは、単に何かに対して幸せを感じるということ以上の深い意味を持っています。パウロは「いつも主にあって喜びなさい」（ピリピ4・4）と記していますが、これは「いつでもハッピーでいなさい」という意味ではありません。誰かが誰かにいつも一定の感情でいなさい、などと命令することはできません。喜ぶとは、一つのことを宝物のように大切にする、自分にとって大きな価値がある、その美と価値に自分の心が憩えるように、その甘さに浸れるように思いめぐらす、ということです。「喜ぶ」とは心がほっとし、どうしても必要だと思っていた何かを握りしめていた拳をゆるめていくまで、神をたたえるということなのです。

福音を映像に

ヘンリーとケビンは上司の不正により失職し、前後して一年の間にカウンセリングのために私のところに来ました。ヘンリーは上司を赦し、前進し、とてもよくやっていましたが、ケビンは過去を振り払うことができませんでした。苦々しい思いと斜に構えた彼の態度は、その後のキャリアアップにも影響を与えました。何人かがこういった感情を引きずる彼を助けようとしたこともありました。しかし誰かが同情を見せれば見せるほど、自分の怒りは正当だという彼の思いは募り、自己憐憫の深みにさらにはまっていきました。あるいは、彼の意思に焦点をあてようとする人もいました。（「過去のことなんか忘れて前を向こう」というような）。それも効果はありませんでした。しかし福音は違う力を持っています。それは感情にも意思にも訴えることはしません。福音はこうたずねるのです。イエス・キリスト以外に、実際自分の救い、あるいは救い主として機能しているものは何なのだろうか。自己を正当化するために何を見ているか。何であれそれが、偽りの神々だと認め、そして自分のそんな人生を変えたいと思うなら、その偶像を見極め、拒絶する必要があります。

ケビンは仕事で自分の力を証明しようとしていたので、それがうまくいかなくなったとき、有罪判決を受けたかのように感じました。ショックで頭が真っ白になりました。自分のアイデンティティーの土台そのものが、ばらばらに砕け散ったからでした。仕事を自己救済の手段としていたことに気がつくまで、彼は一歩も前に進めませんでした。上司を赦さなければいけなかっただけではありません。イエス・キリスト以外に彼の救い主として機能している何かに、それが自分の本当の問題だとして向き合うことが必要でした。過度の、もはや制御不能な問題、欲望、行動パターン、態度、感情の裏側には、いつでもそれ以上の何かが潜んでいるのです。それを見つけるまでは、あなたは平安な人生を送ることはできないでしょう。

ケビンは、頭では神の高価な恵みで愛されていると信じていたものの、それが彼の心と想像力の中でしっかりと摑めるほど浸透していなかったと気づきました。上司に言われた言葉が、全世界の王である神の言った言葉よりも、もっと現実的で影響力がありました。例えば、家事をしながら録音した音源を聞くことはできますが、実際目の当たりにして見聞きすることほど、その経験に浸れることはありません。映像は視覚に鮮やかに残ります。同じように、頭ではキリストの愛については知っているかもしれませんが、心では実感できない、これがケビンのケースだったのです。それではそういう状態をどのように改善できるのでしょうか。人生において福音の真理が私たちの感情、行動すべてを形作る、福音の「映像を見る」ためにはどうしたらいいのでしょうか。

これには、個人的な祈り、公同の礼拝、黙想などといった「霊的訓練」が必要になります。[123] このような訓練は、認知された知識を、私たちの内面と想像の中で人生を形作る現実として実感させてくれます。霊的訓練は、基本的には礼拝のかたちをとります。そして礼拝こそが、あなたの心の偶像を取り除き、他のものを置き換える最終手段なのです。単にあなたの偶像が何であるかを知的に理解するだけでは安心は得られません。実際にイエスが与える平安、そしてあなたが礼拝する中でのみ与えられる安心が必要です。分析は真理を発見する手助けにはなりますが、一歩進んであなたの心に「祈り込む」作業が必要です。もちろんそれには時間がかかります。それについては、もう一冊別の本を書かなければならないでしょう。

忍耐を持って

私が思うに、このプロセスは私たちの全人生をかけるほどのものではないでしょうか。一九六〇年代から七〇年代にかけて、州間高速道路79号線がペンシルベニア州西部で建設されました。妻のキャシーはこの道路を実家のピッツバーグからペンシルベニアミードビルにあった彼女の大学まで、そして家族の休暇先エリー湖に行くのにもよく利用しました。何年もの間この道路は一カ所が未完成で、そこは特にひどい沼地でした。建設現場の作業員がある晩ここは大丈夫と踏んだ場所にブルドーザーを止めたところ、翌朝にはすっかり沈んでいた、ということが少なくとも一回はありました。最下層の岩盤と思われるところに杭を打っておくのですが、それがいつのまにか消えてしまうのです。

私たちの心も似たようなものです。恵みについて十分学んだ、偶像も取り除いた、神から何かを得るためでなく、神が神であるゆえに神に仕えるという域に達した、とあるとき思うかもしれません。しかし全人生をかけて、自分の心の奥底に行き当たったと思ったものの、実はまだ見せかけの底辺だった、と感じることがあるのです。成熟したクリスチャンは、実は完全にどん底に達した経験のある人々ではありません。この人生でそれを経験する可能性はおそらくないでしょう。むしろ、クリスチャンは、そこを目がけて、どうドリルを掘り下げていくか、じわりじわりと近づいていく方法を知っている人たちだと思うのです。

かつての偉大な牧師であり讃美歌作家のジョン・ニュートン（訳注・「アメージング・グレース」の作詞家）は、この葛藤をこう書き記しています。

私自身の経験を言わせていただくとしたら、単純に私の目を、私の安心と人生の拠り所としてのキリストに向け続けることは、今のところ私がするようにと召されたことの中で最も困難なことです……義と力の原則によって行動しようとする絶え間ない自分の努力の中でより、表面上の行動、日常の何千もの実例の中で、自分自身を否定するほうがずっと簡単に思えるのです。[124]

ニュートンが言っている違い、つまり表面的な行動において規則に従うことと、キリストにのみ心の平安と人生の拠り所を心から見出すこととの違いを知っている人は、男性だろうが女性だろうが、誰であっても、偽りの神々の支配から自由にされる途上にあるのです。

参考文献

Barton, Stephen C., ed. *Idolatry: False Worship in the Bible, Early Judaism, and Christianity*. London and New York: T and T Clark, 2007.

Beale, G. K. We Become *What We Worship: A Biblical Theology of Idolatry*. Downers Grove, Ill.: InterVarsity Press, 2008.

Benson, Bruce Ellis. *Graven Ideologies: Nietzsche, Derrida, and Marion on Modern Idolatry*. Downers Grove, Ill.: InterVarsity Press, 2002.

Bobick, Michael W. *From Slavery to Sonship: A Biblical Psychology for Pastoral Counseling*. Unpublished D.Min. dissertation, Westminster Theological Seminary, 1989.

Clarkson, David. "Soul Idolatry Excludes Men from Heaven," in *The Practical Works of David Clarkson*, Volume II. Edinburgh: James Nichol, 1865, pp. 299ff.

Goudzwaard, Bob. *Idols of Our Time*. Sioux City, Iowa.: Dordt College Press, 1989.

Halbertal Moshe, and Avishai Margalit, *Idolatry*. Cambridge, Mass.: Harvard University Press. 1992.

Keyes, Richard. "The Idol Factory," in Os Guinness and John Seel eds., *No God But God: Breaking with the Idols of Our Age*. Chicago: Moody Press, 1992.

Lints, Richard. "Imaging and Idolatry: The Sociality of Personhood in the Canon," in Lints, Michael Horton, and Mark Talbot, eds., *Personal Identity in Theological Perspective*. Grand Rapids, Mich.: Eerdmans, 2006.

Luther, Martin. *Larger Catechism* with study questions by F. Samuel Janzow. Saint Louis: Concordia, 1978.

Meadors, Edward P. *Idolatry and the Hardening of the Heart: A Study in Biblical Theology*. London and New York: T and T Clark, 2006.

Niebuhr, Reinhold. "Man as Sinner," in *The Nature and Destiny of Man*, Volume 1, Human Nature. New York: Scribner, 1964.

Nietzsche, Friedrich. *The Twilight of the Idols and The Anti-Christ*, translated by R. J. Hollingdale. New York: Penguin, 1990.

Oden, Thomas C. *Two Worlds: Notes on the Death of Modernity in America and Russia*. Downers Grove, Ill.: InterVarsity Press, 1992.

Oden, Thomas C. "No Other Gods" in Carl Braaten, Christopher Seitz, eds., *I Am The Lord Your God: Christian Reflections on the Ten Commandments*. Grand Rapids, Mich.: Eerdmans, 2005.

Powlison, David. "Idols of the Heart and Vanity Fair." *The Journal of Biblical Counseling*, Volume 13, Number 2, Winter 1995.

This article has been in circulation for over two decades and has been seminal for my thinking. It is also online at http://springsofgrace.files.wordpress.com/2008/04/idols-of-the-heart-powlison.pdf.

Ramachandra, Vinoth. *Gods That Fail: Modern Idolatry and Christian Mission*. Downers Grove, Ill.: InterVarsity

Press, 1996.

Rosner, Brian S. *Greed as Idolatry: The Origin and Meaning of a Pauline Metaphor*. Grand Rapids, Mich.: Eerdmans, 2007.

Westphal, Merold. *Suspicion and Faith: The Religious Uses of Modern Atheism*. The Bronx, N.Y.: Fordham University Press, 1999.

謝辞

今回もやはり、ジル・ラマー、デービッド・マコーミック、ブライアン・タートという、私の執筆にインスピレーションや励ましを与えてくれた理想のチームに感謝します。また、ジャニス・ウォース、リン・ランドには毎夏執筆のための時間と場所を確保するための労をとっていただいたことを感謝します。

本著は、私の年代ならありがちな、共感や理解を持ちにくい現代文化について取り扱っています。ですからデービッド、マイケル、ジョナサンという息子たちを与えられていることで、私は数えきれないほど多くの点で恵まれてきたと言えます。本著で最も直接的に語られている箇所は、世界の偶像を観察する彼らの賢さ、明確さと、それを喜んで自発的に、しかも長時間、集中して語ってくれた姿勢に依っています。三人ともありがとう、私との散歩や夕食につきあってくれて。君たちが都市を愛し、一貫性を持った男性として立派に成長したことを、私はただただ畏敬の念で眺めるばかりだ。

そして、本著の背景となる構想を何年も一緒に考え、また何ヶ月もの執筆期間中、労苦してくれた妻キャシーにも感謝します。ジョン・ニュートンがその妻ポリーに言った言葉をもって、キャシーへの謝辞に代えたいと思います。「考えてみれば、長年の間たくさんの愛と義務を通して、しかもそれが習慣となって、こんなにも類い稀な現象が生み出されるというのも別に不思議ではないだろう。つまり、私が息をつくという行為さえ、あなたの介入なくしては、もはやほとんど不可能だという現象だ」

注

特に表記のないものに関しては訳者による訳。聖書は新改訳第三版を使用。

1 これらの事件はすべて二〇〇八年五月から二〇〇九年四月までの間に起きており、以下のブログでまとめられています。http://copycateffect.blogspot.com/2009/04/recess-x.html

2 Alexis De Tocqueville, *Democracy in America*, trans. George Lawrence (New York, Harper, 1988), p. 296, quoted in Andrew Delbanco, *The Real American Dream: A Meditation on Hope* (Cambridge, Mass.: Harvard University Press, 1999), p. 3 参照。

3 同上

4 David Brooks, "The Rank-Link Imbalance," *New York Times*, March 14, 2008 参照。

5 心理学、文化社会学的分析のための主要分野としての偶像礼拝という用語の使用は、学術界においてここ十五年再び勢いを得てきました。まず、教会がその関心事を拡大するために、神をそれにそったイメージに作り上げたと主張し、宗教およびキリスト教そのものを批判するために「偶像礼拝」という言葉を使用した、フォイエルバッハ、マルクス、ニーチェの全盛期がありました。これについては、Merold Westphal, *Suspicion and Faith: The Religions Uses of Modern Atheism* (The Bronx: Fordham, 1999) を参照。その後日の目を見なかったこの概念は、モッシェ・ハルバータルとアヴィシャイ・マルガリートという傑出した二人のユダヤ人哲学者により、その著書、*Idolatry* (Cambridge, Mass.: Harvard University Press, 1992)『偶像崇拝——その禁止のメカニズム』(大平章訳、法政大学出版局、二〇〇七)において、真摯に学術的な取り扱いを受け、鍬入れをされたのでした。この著書にはじまり、近年このテーマに関する深い学術的関心が払われ始めました。例えばStephen C. Barton, ed., *Idolatry: False Worship in the Bible, Early Judaism, and Christianity* (London and New York: T and T Clark, 2007), G. K. Beale, *We Become What We Worship: A Biblical Theology of Idolatry* (Donwers Grove, Ill.: Inter Varsity Press, 2008), Edward P. Meadors, *Idolatry and the Hardening of the Heart: A Study in Biblical Theology* (London and New York: T and T Clark, 2006), Brian S. Rosner, *Greed as Idolatry: The Origin and Meaning of a Pauline Metaphor* (Grand Rapids, Mich.: Eerdmans, 2007)などを参照。

6

聖書において偶像礼拝は、もちろんイスラエルの本当の神ではない神々への儀式的礼拝を含みます。それは、お辞儀、「像の手にくちづけする」、他宗教や国家の神々に、いけにえをささげることを意味します(出エジプト20・3、23・13、ヨブ31・26〜28、詩篇44・20〜21)。そのようなことをするなら誰でも神の恵みを捨てることになります(ヨナ2・8)。しかし、聖書は偶像礼拝を文字どおり偽りの神々の像の前で伏し拝むことに限定できないことをも明確にしています。外見や、文字どおり現れるだけでなく、人の魂、心の内側にも現れうるのです(エゼキエル14・3以下)。それは、神のために造られたものを神の代替物として心の中、また人生の中心に据えることです。例えば、預言者ハバククはバビロニア人について「自分の力を自分の神にする者」(ハバクク1・11)とし、彼らの軍事力について「いけにえをささげ……香をたく」と表現しています。エゼキエル16章とエレミヤ2〜3章では、預言者はエジプト、アッシリアと軍事同盟を組んだイスラエルを偶像礼拝の罪に定めます。この同盟は、高い税金と政治的援助を軍事的援護と交換条件にしたものでした。預言者たちがこれを偶像礼拝と見なしたのは、神のみが与えることのできる自国の安全を、イスラエルがエジプトとアッシリアに求めたことによります（Halbertal and Margalit, *Idolatry*, pp. 5-6）。サウル王が預言者サムエルからの主の言葉に従わず、外交方針を典型的な帝国主義的権力をもって打ち出し始めたとき、サムエルはそのような主に対する高慢な不従順は偶像礼拝だと明言しました（Ｉサムエル15・23）。聖書では、つまり偶像礼拝は自分自身の知恵や能力、あるいは造られた他の何かによりたのみ、権力、評価、慰め、安心など、神のみが与えられるものを得ようとすることなのです。プロテスタント教会史の最も古典的な偶像についての言及はデービッド・クラークソンによる説教、"Soul Idolatry Excludes Men Out of Heaven" に見られます（*The Works of David Clarkson* [Edinburgh: James Nichols, 1864], vol. 2）。クラークソンは「外見的な」偶像礼拝、つまり文字どおり、神をかたどった像にお辞儀することと、「内面的な」偶像礼拝、魂をそそぐような行為とを区別しました。「意思が心奪われた対象に最も関心を示すとき、それは魂の礼拝となる。そしてそれは、……私たちの意思、心、そして努力の中で、何よりも主にのみ、そして最も向けられるべき栄光である」（p. 300）

7　Tom Shippey, *J. R. R. Tolkien : Author of the Century* (New York: Houghton Mifflin, 2000), p. 36.

8　モッシェ・ハルバータルとアヴィシャイ・マルガリートによる圧倒的な名著『偶像崇拝――その禁止のメカニズム』（大平章訳、法政大学出版局、二〇〇七年）の終盤近くで、彼らは偶像礼拝の性質をこのように要約しています。「究極的な価値を付与することは必ずしも一連の形而上学的な、神聖なる属性を期することではない。究極的な価値を与えるという行為には、何かにあるいはだれかに完全な愛情、究極の献身を示す生活をともなう。絶対的な価値は多くのもの……に捧げられる。このような崇拝の拡張の中で、宗教的態度は、ある形而上学の一部として、もしくは通常の儀式の一部として捉えられるのではなく、絶対的な献身の一形態、何かを神のような存在に変えてしまうような態度として捉えられている。何かを絶対的なものに変えてしまうものは、それが最優先的であり、同じくまた、それがあまりに多くを要求しているということである。それは、どの競合的要求よりも優っていると主張し、……絶対化され、献身的生活の中心であることを要求する、いかなる非絶対的価値も偶像崇拝である」(三三一、三三二頁)

9 「究極的な価値観が……他の価値を判断する中心的な価値になると……〔そして〕重要な位置に上昇し、究極的な意味付けとして捉えられるようになると、人はその時点で、まさにユダヤ人やクリスチャンが言うところの神を選んだことになる。……神として礼拝されるとは、それが個人の価値を判断する正当な中心としてまことしやかに認識されるにたるほど善でなくてはならない。……究極的な価値が礼拝され、あがめられ、それなくしては喜びに満ちた人生を送れないと見られる場合に、人は神を持つのである」。Thomas C. Oden, *Two Worlds: Notes on the Death of Modernity in America and Russia* (Downers Grove, Ill: Inter-Varsity Press, 1992), p. 95.

10 Margaret I. Cole, ed. *Beatrice Webb's Diaries, 1924-1932* (London: Longmans, Green, and Co., 1956), p. 65 参照。

11 ブライアン・ロズナーは聖書解釈学と翻訳の歴史におけるこれらの三種類のモデルそれぞれの土台を非常によく説明しています。特に以下を参照してください。Brian S. Rosner, *Greed as Idolatry: The Origin and Meaning of a Pauline Metaphor* (Grand Rapids, Mich.: Eerdmans, 2007), pp. 43-46, Chapter 10. その分析はハルバータルとマルガリートの『偶像崇拝――その禁止のメカニズム』(大平章訳、法政大学出版局、二〇〇七年）を下地としています。偶像礼拝についての著作の多くが、この三つのモデルの一つを強調しています。

12 聖書本文は、偶像礼拝を私たちの本当の伴侶である神に対する不貞としてなぞらえています。エレミヤ3・1～4・4、エゼキエル16・1～63、ホセア1～4章、イザヤ54・5～8、62・5とハルバータル／マルガリートの『偶像崇拝』第一章「偶像崇拝と背信」を参照。

13 聖書本文は、私たちの偶像礼拝が自己救済の手段であること、私たちの真の救い主として神を拒絶し、むしろ神に「では、あなたが造った神々はどこにいるのか。あなたのわざわいのときには、彼らが立って救えばよい」（エレミヤ2・28、また士師10・13～14、イザヤ45・20、申命32・37～38と比較）と言わしめた神々を礼拝することを示しています。Ｉサムエル15・23では傲慢な自給自足が偶像礼拝と見なされています。

14 聖書本文では偶像礼拝は、私たちの本当の王を裏切る霊的な反逆行為と表現しています。Ｉサムエル8・6～8、12・12、士師8・23、ローマ1・25～26は私たちが礼拝するもの、生活の中心に置くものには、私たちは「仕え」従わなければならないと教えています（25節）。

15 Rebecca Pippert, *Out of the Saltshaker* (Downers Grove, Ill.: Inter Varsity Press, 1979), p. 53.

16 この自殺のケースについては以前、以下のブログで閲覧しました。
http://copycateffect.blogspot.com/2009/04/recess-x.html.

17 本著で取り扱う原則についての例話に登場する人物にはすべて仮名を使用しています。

18 Cynthia Heimel, *If You Can't Live Without Me, Why Arn't You Dead Yet?* (New York: Grove Press, 2002),p. 13. この引用はもともと *The Village Voice* に掲載されていたものです。

19 Halbertal and Margalit, *Idolatry*, p. 10.

20 長男ではあったもののイシュマエルはアブラハムの妻のしもべから生まれました。イサクがサラに生まれていなかったら、当然イシュマエルがアブラハムの相続人でした。

21 Jon Levenson, *The Death and Resurrection of the Beloved Son: The Trnasformation of Child Sacrifice in Judaism and Christianity* (New Haven: Yale University Press, 1995).

22 このヨブ23・10の解釈についてはFrancis I. Anderson, *Job: An Introduction and Commentary* (Downers Grove. Ill.: InterVrasity Press, 1976), p. 230を参照。

23 Ⅱ歴代3・1を参照。「モリヤ」はエルサレム周辺の山々と丘につけられた名前でした。この中の一つの丘の上でイエスは十字架にかけられました。

24 ローマ3・26。

25 Robert Alter, *Genesis: Translation and Commentary* (New York: W. W. Norton, 1996), pp. 151-157.

26 アーネスト・ベッカー『死の拒絶』（今防人訳、平凡社、一九八九年）二五八〜二六〇頁。Ernest Becker, *The Denial of Death*, (New York: Free Press, 1973), p. 160.

27 同上、二六九頁。Ernest Becker, *The Denial of Death*, p. 167.

28 このような一見目立たない文化傾向の変化に関する記事や著作が出版される風潮がありました。Barbara F. Meltz, "Hooking Up Is the Rage, but Is It Healthey?" in *The Boston Globe*, February 13, 2007. Laura Session Stepp, *Unhooked: How Young Women Pursue Sex, Delay Love, and Lose at Both* (New York: Riverhead, 2007) を参照。

29 C・S・ルイス『キリスト教の精髄』(柳生直行訳、新教出版社、一九九六年)第三部5性道徳の項参照。

30 なぜヤコブはこの大胆で明らかな詐欺にだまされるのをよしとしたのでしょうか。ロバート・アルターの考察が再び助けになります。ヤコブが「なぜわたしをだましたのですか」と聞いたときのヘブル語は27章でヤコブがイサクにしたことを説明するときに使われた言葉と同じです。アルターは翌日交わされたかもしれない、ヤコブとレアとの会話を想像した、古代ユダヤ教祭司の解釈を引用しています。――ヤコブはレアにこう言った。「暗闇の中で『ラケル』と呼んだら、おまえは答えた。なぜそんなことをした?」レアは答えた。「あなたのお父上も、暗闇の中『エサウ』と呼んだのにあなたはお答えになりました。なぜあなたはそんなことをなさったのですか」。彼は思わず唇を噛んだ。操作されるとは、だまされるとはどういうものなのかを彼はようやく悟り、弱々しくラバンの申し出を受け入れるしかなかった――

31 当時このように結婚が決められていたので、夫から求められていないと感じた女性は少なくなかったでしょう。だからこそ、この話は当時の読者の多くに直感的な共感を得られたのです。現代読者が、男性により女性が売買されるといった当時のシステムに反感を覚えるなら、創世記の筆者の意図はそこにこそある、ということに注目してもらいたいのです。つまり、ロバート・アルターが *The Art of Biblical Narrative* で言っているように、創世記を読んで、長男子相続権、一夫多妻制、花嫁料を許容しているのだ、ととらえるならそれは間違った見方です。聖書全編を通して一夫多妻性は悲劇しか生みません。うまくいった試しがありません。見られることと言えば、そういった家父長制度が家族に生み出す悲惨さです。アルターは創世記のすべてのストーリーは、当時の家父長制的制度を破壊させる意図があったと結論づけています。

32 ほとんどの英訳聖書は脚注でその名前の意味を示しています。レアは第一子、男児を生んだとき、ルベンと名付けました。ルベンは「見る」という意味で、彼女は「これで夫はやっと私を見てくれるだろう、彼にとって私はもう見えない存在ではない」と思ったからでしょう。しかしそうなりませんでした。第二子のときは「聞く」という意味のシメオンと名付けました。「やっと私のことを聞いてくれる」。またもやそうなりません。三人目の息子には「結ぶ」という意味のレビと名付け「三人も息子を生んだのだから、夫の心は私に結ばれるだろう」と言ったのでした。

33 Derek Kidner, *Genesis: An Introduction and Commentary* (Downers Grove, Ill.: Inter Varsity Press, 1967), p. 160

34 C・S・ルイス『キリスト教の精髄』（柳生直行訳、新教出版社、一九九六年）二一〇、二一一頁。C. S. Lewis, *Mere Christianity* (Various editions), Book III, Chapter 10, "Hope."

35 C・S・ルイス『キリスト教の精髄』（柳生直行訳、新教出版社、一九九六年）二一三頁。C. S. Lewis, *Mere Christianity* (Various editions), Book III, Chapter 10, "Hope."

36 アーネスト・ベッカー『死の拒絶』（今防人訳、平凡社、一九八九年）二六一〜二六二、二六七〜二六九頁。Ernest Becker, *The Denial of Death*, (New York: Free Press, 1973), pp. 166-7.

37 ダージスはこうも読者に問いかけます。「結婚なんてこれっぽっちも考えずに女性たちがかっこいいブルージーンズをはいて自信たっぷりに男性に近づいて行った、あのテルマ&ルイーズはどこへ行ったの?」Manohla Dargis, "Young Women Forever Stuck at Square One in the Dating Game," *New York Times*, February 6, 2009.

38 Thomas Chalmers, "The Expulsive Power of a New Affection." これは十九世紀のスコットランド長老教会牧師および政治家による古典的な説教です。インターネットで検索すれば様々なところで閲覧可能です。

39　George Herbert, "Dulness" in *The Complete English Poems* ed. James Tobin (London: Penguin, 1991), p. 107.

40　以下の記事を参考にしました。Jonathan Weber, "Greed, Bankruptcy, and the Super Rich" on the Atlantic Monthly's Website "Atlantic Unbound." http://www.theatlantic.com/doc/200905u/yellowstone-club 二〇〇九年五月三十日閲覧。

41　Paul Krugman, "For Richer," *New York Times Magazine*, October 20, 2002. クルーグマンはジョン・ケネス・ガルブレイスの一九六七年の著書『新しい産業国家』から引用しています。「経営陣は冷酷さを持って自らの報酬を高めようなどとはしない――堅実な経営陣は自分で自分を抑制することを期待されている。……決定を行う権力とともに金をもうける機会も訪れるが……しかしもし誰もがそのようなことをしようとするならば……法人企業は貪欲を競い合う混乱の場になってしまうだろう。しかしこの種のことは善良な会社員がすることではない。一般的に有効な慣例のおかげで、かかる行為はできないようになっているのだ。そのうえ集団的決定方式は、ほとんどすべての人の行動や、さらには想念までが、他の人たちに知られることを保証している。これが前記の慣例を否応なしに実現させることになるし、偶然的にではなく個人的廉直の水準を高く維持する結果ともなる」『ガルブレイス著作集3　新しい産業国家』（都留重人監訳、石川通達、鈴木哲太郎、宮崎勇訳、ＴＢＳブリタニカ、一九八〇年）一六七頁。

42　フリードリッヒ・ニーチェ『曙光』（ニーチェ全集7、茅野良男訳、筑摩書房、一九九三年）二三六頁

43　二〇〇八年度の Pew Research Center の研究参照。二十五％が「下層階級」あるいは「中／下層階級」、七十二％が「中流階級」「中／上流階級」そして二％が「上流階級」の一員だと見なしています。http://pewresearch.org/pubs/793/inside-the-middle-class 二〇〇九年七月一日閲覧。

44　ルカの福音書と使徒の働きでは、福音と強欲、偶像礼拝について、ここで取り上げられるよりもはるかに多く具体的に示されています。ルカによると欲深さはイエスに従う呼びかけを拒否する兆候であると言われています。ユダ（使徒1・17〜20）、アナニヤとサッピラ（5・1〜11）、魔術師シモン（8・18〜24）などがいい例です。その中でも特にキリスト者に対する暴動が二回描かれている使徒の働きで、どちらも福音に対する反対勢力はその強欲が動機だったことは特筆すべきでしょう（16・19〜24、19・23〜41）。使徒19章のエペソでの暴動は明らかに扇動されたものでした。キリスト教は拡大し社会に影響を与え、結果多くの人々が偶像礼拝をやめるようになりました。それは、銀行システム、偶像製造産業、寺院すべてが絡み合った当時の経済状況への影響を意味します。キリスト教は人がどのように消費行動するかという経済行動自体を変え、現状維持しようとする当時の文化に大きな影響を与えたのでした。

45　Brian S. Rosner, *Greed As Idolatry: The Origin and Meaning of a Biblical Metaphor* (Grand Rapids, Mich.: Eerdmans, 2007). 特に9、10章を参照。

46　リチャード・キイズは著書 *No God but God: Breaking with the Idols of Our Age* (Chicago: Moody, 1992) の二九頁以降で、人の「偶像工場」の中に「近い」偶像、「遠い」偶像があると言います。本著で私はそれと似たコンセプトを表現していますが、彼の「遠い」偶像は、人のより歪んだ認識システムとして説明されており、それに対して私の「根深い偶像」は人の動機を中心としています。

47　Joseph Frazier Wall, *Andrew Carnegie* (Pittsburgh: University of Pittburgh Press, 1989), pp. 224-225. *The Wise Art of Giving: Private Generosity and the Good Society* (Maclean, Va: Trinity Forum, 1996), pp. 5-25, "Andrew Carnegie" の章からの引用。

48 ”Andrew Carnegie”, *The Wise art of Giving*, pp. 5-26.

49 Annie Dillard, An American Childhood, *Wise Art of Giving*, pp. 3-48 よりの引用。

50 聖書は偶像を単に偽の恋人や救世主としてだけでなく、奴隷商人としても表現しています。聖書はすべての関係、それが人同士であれ、神と人との間であれ、支配される者と支配する者とで成立することを理解しており、もともとは契約関係だったことを示しています。人々は、支配者あるいは神との契約によりその関係に入ります。互いに契約上にある義務を果たす誓約により結ばれます。それぞれの契約には祝福と呪いが添えられています（申命記最後の章参照）。契約を守る者には具体的な祝福が与えられ、守らない者は呪いを受けます。もし人が知らずに金銭をその人生の中心として生きるなら、金儲けを偶像とした契約を結びます。金銭が契約する者の奴隷商人になります。それにより、過重労働させられ、倫理的にぎりぎりの方法で金儲けしようとします。仕事がうまくいかなくなると、立ち直れないほどの敗北感と罪悪感に苛まれます。なぜなら偶像が呪い続けるからです。究極的な自分の「主人」に従えなかったことから感じる、自分が無価値だというどうしようもない思いから逃げられないのです。その人は、新しい人生の中心、「主人」を見つけない限り、呪われているという感覚から逃れることはできません。

51 Lynn Hirshberg, “The Misfit,” *Vanity Fair*, April 1991, Volume 54, Issue 4, pp. 160-169, 196-202.

52 実在した一九二四年のオリンピック金メダリスト、ハロルド・エイブラハムスを演じた俳優ベン・クロスが作品中でこの台詞を語ります。ハロルド・エイブラハムス自身の動機をこのように捉えるのは公正ではないでしょうが、脚本家は、成功を目指す多くの野心ある人たちの内面を完璧なまでに描写していると言えます。

53 http://www.contactmusic.com/news-article/pollack-movies-justify-my-existence. 二〇〇九年三月二十八日閲覧。

54 "Success and Excess" by Harriet Rubin. http://www.fastcompany.com/node/35583/print, 二〇〇九年三月二十八日閲覧。

55 この件に関して興味のある方は以下の論文を参照してください。Edward P. Meadors, *Idolatry and the Hardening of the Heart* (London and New York: T and T Clark, 2006).

56 *Good Housekeeping*, October 1990, pp. 87-88.

57 『故郷消失者たち――近代化と日常意識』（P・L・バーガーほか著、高山真知子ほか訳、新曜社、一九七七年）

58 David Brooks and Christopher Lasch による Nathan O. Hatch, "Renewing the Wellsprings of Responsibility" からの引用。The Council of Independent Colleges in Indianapolis, March 12, 2009 での講演から。

59 Nathan O. Hatch, "Renewing the Wellsprings of Responsibility."

60 この議論をさらに発展させたものは、Timothy Keller, *The Reason for God* (New York: Dutton, 2007) の "The Cross" の章を参照してください。

61 しかしながら、この奴隷の少女がその主人を赦したという話から、重圧や不正に消極的に従うのだと推測するべきではありません。聖書が言うのは、赦すと同時に正義をも追い求めることで、この二つは相互に反発するものではなく、むしろ補完し合うものなのです。ミロスラヴ・ヴォルフは著書 *Exclusion and Embrace* (Nashville: Abington, 1996), *The End of Memory: Remembering Rightly in a Violent World* (Grand Rapids: Eerdmans, 2006) において、真に正義を追い求めるためには迫害者を赦す必要があると強く述べています。

赦すという内面の作業ができないなら、真の正義よりもむしろ極端に個人的な復讐を追い求めるようになり、皮肉にも自身はその圧政に虐げられた状態のままなのです。そうすると終わりのない支配的な復讐行為に自分自身を招き入れることになります。肉体的な暴力などがなくても、不公平な人間関係において、まず相手を赦すという内的な行為なしに、相手に立ち向かい、相手の不正を正すということはなかなかうまくはできません。加害者を赦さなければ、対決の中で相手をやりこめてしまうでしょう。正義や改善ではなく、相手に痛みを負わせるためにするからです。あなたの要求は過度で、その態度は攻撃的になります。加害者は、対決をわざと自分を傷つけるために設けられたものだと見なすでしょう。こうして報復のサイクルは始まるのです。あなたの中の相手が傷つくのを見たいという内的必要がなくなって初めて、正義、変化、癒しをもたらすことのできる機会をやっと持つことができるようになるのです。

62 "Success Excess" (*Fast Company*, News stand edition 一九九八年十月号) より。現在オンラインで閲覧できる記事は加筆修正されたものです。

63 これは一九〇〇年代のスコットランド人牧師トーマス・チャルマースの "The Expulsive Power of New Affection" (インターネット上で検索、閲覧できます) という有名な説教の以下に記す一段落の概要です。「例えばやっとのことで少年が食欲の奴隷になることから逃れられたとする。しかし男性としてちょっとばかり成長した彼はまたも快楽を主人とする従属関係に入れられる。そのうち富という偶像がさらに強く優勢になり、その金銭への執着が世の成功者たちを支配する欲望へと変わる。いったん都市の政治組織に足を踏み入れると、権力への執着というものが彼の道徳システムに働くようになり、またそれに支配されるようになる。このような変化のプロセスのどの時点でも、対象に対する執着心が付随する。それはまさに、ある一つの具体的な対象を征服したいという欲望である。しかしその一つかそれ以上の対象に対する欲望に関して言えば、これはもう征服不可能である」

64 ボブ・ハウツワールト『繁栄という名の「偶像」』（宮平望訳、いのちのことば社、一九九三年）九頁。Bob Goudzwaard, *Idols of our Time* (Downers Grove, Ill: Inter Varsity Press, 1984) p. 9.

65 Richard Bienvenu, *The Ninth of Thermidor* (Oxford: Oxford University Press, 1970), pp. 32-49 にあるロベスピエールの演説全文からの引用。

66 A・M・ウォルタース『キリスト者の世界観——創造の回復』宮崎弥男訳（聖恵授産所、一九八九年）九二～九三頁。Al Walters, Michael Goheen, *Creation Regained: Basics for a Reformational Worldview*, second edition (Grand Rapids, Mich.: Eerdmans, 2005), p. 61.

67 「権力への欲望は、内面の暗闇で認識される不安定さに駆られたものである」。Reinhold Niebuhr, *The Nature and Destiny of Man: Volume I, Human Nature* (New York: Scribner, 1964), p. 189. 邦訳はラインホールド・ニーバー『キリスト教人間観　第一部　人間の本性』（武田清子訳、新教出版社、一九五一年）参照。

68 「最も明白な形をとった偶像礼拝は、明らかに偶然的であって、究極的ではない所の、種族とか国民とかの生命のような、そのうちに自然的又は歴史的生命力を中心として、意味の世界が構成されているものである」（ニーバー／武田）二一七頁。

69 訳者による訳。Goudzwaard, p. 23.

70 「宗教にも文化にも法律にも今までに知られていたあらゆる限界を文字通りふみ越えてゆく所の今のドイツの限度を知らない自己主張は……非常に強烈な権力衝動である」（ニーバー／武田）、三九六～三九七頁。

71　C・S・ルイス『キリスト教の精髄』（柳生直行訳、新教出版社、一九九六年）三七頁。C. S. Lewis, *Mere Christianity* (New York: Harper Collins, 2001), p. 11.

72　「……自然の因果律の原理のみで世界の意味を理解しようという努力が払われる……〔これは〕理性の神格化を含んでいる。このような同一視が偶像礼拝を示していること、及び、理性や論理の法則は、世界の意味全般を十分には理解することができないということは、生命や歴史は、理性の原理によって解くことの出来ない矛盾に充ちているという事実によって証拠立てられている」（ニーバー／武田）二一八頁。

73　C. E. M. Joad, *The Recovery of Belief* (London: Faber and Gabe, 1952), pp. 62-63.

74　Richard Crossman, ed., *The God That Failed* (New York: harper, 1949).

75　Steward Davenport, *Friends of the Unrighteous Mammon: Northern Christians and Market Capitalism 1815-1860* (Chicago: University of Chicago, 2008) 参照。ダヴェンポートはその興味深い研究で、なぜあるクリスチャンリーダーたちは、明らかに「イデオロギー的」なアダム・スミス版の資本主義を信奉するのか、そしてなぜ彼らは、政府がただ経済に関心を向けさえすれば、道徳や共同体は自然に繁栄するだろうと強く主張するのかについて関心を向けています。

76　近代資本主義のイデオロギー的性質を鋭く暴いた一つにウェンデル・ベリー（Wendell Berry）の記述があります。彼はアメリカ人に「無駄にする、消費する、使用する、要求する、必要とすることのすべてにおいて、もっと控えるように」と指摘します。彼の著書 *Sex, Economy, Freedom, and Community: Eight Essays* (New York: Pantheon, 1994) 参照。ベリーは大きい政府に反対しているので厳密には自由主義者ではなく、個人の権利と共通善のバランスを、保守派よりも取ろうとしているために、保守でもリバタリアンでもありません。そういうわけで彼の主張は近代イデオロギーの発達を食い止める生け垣のような役割を果たしていると言えます。

77 Stephen Marglin, *The Dismal Science: How Thinking Like an Economist Undermines Community* (Cambridge: Harvard University Press, 2008) 参照。マーグリンの主旨は、近代経済がイデオロギー的になったのは、個人の利益を最大化する人間を想定するようになったからだ、というものです。彼らは自身を複雑な人間関係内での役割からではなく、共同体から離れ、消費するための利益をどれだけ得られるかという基準で定義します。過去四世紀にわたり、こういった経済的イデオロギーが世界のほとんどで支配的なイデオロギーとなってきました。

78 Richard A. Posner, *A Failure of Capitalism: The Crisis of '08 and the Descent into Depression* (Cambridge: Harvard University Press, 2009) 参照。ポズナーは、市場は自己修正できるというおもな資本主義のドグマに対抗する自説を展開しています。

79 William T. Cavanaugh, *Being Consumed: Economics and Christian Desire* (Grand Rapids, Mich.: Eerdmans, 2008) 参照。キャヴァナーは、市場資本主義によって支配された社会における公的生活と私的生活を明確に分けたいというクリスチャンにとっての誘惑について議論しています。伝統的に、貪欲は七つの大罪の一つとされてきましたが、私生活においてはそれを避け、公的なビジネスの世界では逆にそれを追求することが当たり前とされています。また、私たちの社会では、何を消費したかで自分を表現し、クリスチャンの世界では何を愛するかで自分を表現します。市場の理論と価値は、キャヴァナーによると、今や私たちの全生活にまでその影響を及ぼしています。それゆえ近代資本主義は「イデオロギー的」なのです。

80 Larry Elliott and Dan Atkinson, *The Gods that Failed: How Blind Faith in Markets Has Cost Us Our Future* (New York: Nation Books, 2009) 参照。

81 ニーバーは偶像礼拝を、複数の有限で相対的な対象を「最終的で究極的な価値」に高めることだと述べています。Niebuhr, p. 225.

82 Roy Clements, *Faithful Living in an Unfaithful World* (Downers Grove, Ill: Inter Varsity Press, 1998), p. 153.

83 Reinhold Niebuhr, *The Nature and Destiny of Man: Volume I Human Nature* (New York: Scribner, 1964), p. 189.

84 Diana R. Henriques, "Madoff, Apologizing, Is Given 150 years," *New York Times*, June 30, 2009.

85 "Barnard Madoff Gets 150 years in Jail for Epic Fraud," Bloomberg News, June 29, 2009, http://www/bloomberg.com/apps/news?pid=20601087&sid=aHSYu2UPYrfo 参照。

86 ニーバー／武田、二三二〜二三三頁。

87 同上、二三三頁。

88 ここで私が言わんとしているのは、「表面的な偶像」、――セックス、宗教、金――などが権力という「根深い偶像」に仕えているということです。第3章で触れた「根深い偶像」、「表面的な偶像」と比較してみてください。

89 多くの注解者がこの像の各部分について歴史上の王国を意味すると解釈しようとしてきました。ネブカデネザルがその像の「頭」だと言われているので（36〜39節）、他の金属部分が次の時代の支配権を握る国だと理論づけられるという説です。しかし、たぶんこの夢はそれほど具体的に解釈できるものではないでしょう。35節で石（神の国）は像全体を「みな共に」打ち砕いていることに注目してください。それぞれの王国の興亡が時代をまたいでいるとしたら「みな共に」打ち砕かれることはできないでしょう。だからこの像はこの世界の王国それぞれを、その勢力、手段、権力とともに一般的に象徴したものだと私は考えます。夢は具体的な王国の興亡を示しているのでも、具体的な時代を示しているのでもないのでしょう。むしろどのような不正、専制が行われようと、神が主権者であること、すべての人間の権力は最後の日にさばかれるということを強調しているのです。このような解釈を展開している注解書として、以下を参照してください。Tremper Longman, *The NIV Application Commentary: Daniel* (Grand Rapids, Mich.: Zondervan, 1999), pp. 79-93.

90 Christian Smith, *Soul Searching: The Religious and Spiritual Lives of American Teenagers* (Oxford: Oxford University Press, 2005), pp. 162-170 参照。

91 Malcolm Gladwell, *Outliers* (New York: Little, Brown and Company: 2008), pp. 125-128, 132-133, 156-158 参照。グラッドウェルは才能（遺伝）と努力は成功に重要だが、機運、家族背景、文化を含んだ環境が大きな要因だと論じました。

92 このテーマに集中して議論している以下の文献を参照。Edward P. Meadors, *Idolatry and the Hardening of the Heart: A Study in Biblical Theology* (London and New York: T and T Clark, 2006).

93 C・S・ルイス『朝びらき丸 東の海へ』（瀬田貞二訳、岩波少年文庫、二〇〇五年）一三七頁。

94 このテーマに関して以下の本を参照。G. K. Beale, *We Become What We Worship: A Biblical Theology of Idolatry* (Downers Grove, Ill: Inter Varsity Press, 2008)

95 （ルイス／瀬田）一六一～一六二頁。

96 Sheelah Kolhatkar, "Trading Down," *New York Times*, July 5, 2009.

97 この誓約はオンラインで閲覧できます。June 10, 2009. At mbaoath.org/take-the-oath

98 "Forswearing Greed," in *The Economist*, June 6, 2009, p. 66. Leslie Wayne, "A Promise to Be Ethical in an Era of Immorality," *New York Times*, May 29, 2009 参照。

99 Andrew Delbanco, *The Real American Dream: A Meditation on Hope* (Cambridge, Mass: Harvard University Press, 1999), pp. 3, 23 参照。

100 Delbanco, p. 5.

101 「あざける者」（ヘブル語でレーツ）は「侮る」「蔑む」などとも訳されます。このような表現は箴言の中で十四回も使われています。彼らの問題は高ぶりと横柄さです（箴言14・6、21・24）。Bruce Waltke, *The Book of Proverbs: Chapters 1-15* (Grand Rapids, Mich.: Eerdmans, 2004), p. 114 参照。

102 伝統的なクリスチャンの中には、不信仰や間違いに対する警告を促す教会や人々が多くいます。確かにその必要はあります。箴言26・28が言うような「へつらう口」、つまり、権力に対して口をつぐむのは教会にとって危険です。しかし、多くの信徒が、旗を振るべき教えや行いを、まさに箴言に書かれているような「あざける者」の態度をもって示す場合があるのです。これに反論して、聖書の著者や登場人物は皮肉を使っているではないかという意見があります。それも真実です。エリシャとバアルの預言者たちとの間の論争（Ⅰ列王18章）や、特にパウロの批判者に対する抗弁（Ⅱコリント10〜13章）がそうでしょう。皮肉や反語は本来の問題に戻すために効果的ではありますが、軽蔑、侮蔑といった態度は、罪人が罪人に語る主たる方法としてとらえられるべきではありません。

103 「御霊の賜物はすばらしいが……本当の恵みと聖さがそうであるのと違い、自然に継承されるものではない。……御霊の賜物は、まるで人がいつも持ち歩くほど貴重な宝石のようなものだ。……御霊の神は自身を表さない、多くのものの中にも影響を与える。水面上を動きながらも、水面に自身を表したりはしない。しかし御霊がその本来の影響を持って救いの恵みを授けようとするなら、人の魂に自身を表すだろう。……まさに恵みは、御霊の神の聖なるご性質が人の魂に伝えられ表されたかのようだ」。Jonathan Edwards, "Charity and Its Fruits, Sermon Two," Paul Ramsey, ed., *Ethical Writings*, Volume 8 of *Works of Jonathan Edwards* (New Heaven: Yale University Press, 1989), pp. 152-173 参照。

104 Timothy Keller, *The Reason for God* (New York: Dutton, 2008) 参照。

105 ケネス・ガーゲンは二十世紀に入ってから見られるようになった、自己実現を新しく強調することによって現れた心理的問題——拒食、過食、ストレス、低いセルフエスティームなど——を二十以上もあげています。Kenneth Gergen, *The Saturated Self: Dilemmas of Identity in Contemporary Life* (Basic Books, 1991) p. 13 参照。

106 本著の聖書の引用は通常ＮＩＶ（日本語では新改訳）聖書を使用しています。しかし、この章ではヨナ書について自分自身の訳に準拠します（私がよく参考にするこの翻訳については、Jack Sasson, *Jonah: A New Translation with Introduction, Commentary, and Interpretation;* The Anchor Bible [New York: Doubleday, 1990]; Phyllis Trible, *Rhetorical Cristicism: Context, Method, and the Book of Jonah* [Minneapolis: Augsburg Fortress, 1994], *Young's Literal Translation of the Bible* 参照)。

107 レスリー・Ｃ・アレンはヨナの盲目的な国粋主義の記憶は、まさに「生存圏」を主張したヒットラーの主張と酷似したものだっただろうと仮定しています。Leslie C. Allen, *The Books of Joel, Obadiah, Jonah, and Micah* (Grand Rapids, Mich.: Eerdmans, 1976), p. 202. cf. Rosemary Nixon, *The Message of Jonah* (Downers Grove, Ill.: Inter Varsity Press, 2003), pp. 56-58 参照。ニクソンもアレンも当時の人々はヨナを党派心の強い、盲目的愛国主義者として記憶していただろうとし、それゆえ、アッシリアの都市ニネベに霊的な警告と宣教をしに行くように命じられたこと自体に大変なショックを覚えただろうと考えています。

108 Richard Lovelace, *The Dynamics of Spiritual Life* (Downers Grove, Ill.: Inter Varsity Press, 1982), pp. 198-212 参照。

109 ジョナサン・エドワーズは倫理哲学に関する著書 *The Nature of True Virtue* で、神より国家を愛するなら、他国に対して交戦的になるだろうと言っています。ローマ帝国が愛国心をすべての中で最も高い徳としたとき、この優先順位は「あたかもその他の人類の滅亡を目的として採用された」かのようだったのです。P. Ramsey, ed. *Ethical Writings*, in vol. 8 of *Works of Jonathan Edwards* 参照。

110 ハルバータルとマルガリートは、この心のプロセスに対する実質的な対策を示しています。それは、失敗や幻想といった心の歪みから偶像礼拝の枝葉が伸び、またそういう歪んだ信念から偶像礼拝が生み出されるといったものです。Halbertal and Margalit, *Idolatry* (Cambridge: Harvard University Press,1992) “Idolatry and Representation”, “Idolatry as Error,” “The Wrong God,” “The Ethics of Belief” の各章を参照。

111 聖書的に偶像礼拝と心理的な歪みはつながっていると言えますし、十戒中の「あなたには、わたしのほかに、ほかの神々があってはならない」という第一戒、また「どんな形をも造ってはならない」という第二戒を理解する上での助けになります。偽りの神々を拝むことを禁じられているだけでなく、本当の神のイメージを視覚的に作り出すことさえしてはならないのです。どうしてでしょうか。ハルバータルとマルガリートはこの疑問にかなりの時間を費やして取り組み、こう結論づけました。誰でも神の像を造ろうとする者は、自分自身に歪みと縮小をもたらす、と。例えば、画像は神を素晴らしいものとして描くことはできるかもしれませんが、同時にその偉大な愛を表現しきれるでしょうか。結局誰でも神のイメージを生み出そうとするなら、歪みを生み出し、それはたとえ本当の神を礼拝するという試みによるものであっても、偽りの神を生み出しているにすぎないのです。また、偶像礼拝の大きな特徴の一つは、教理的、神学的誤りでもあります。人が義ではなく愛の神を、あるいはあわれみでなく聖なる神のみを信じるなら、その人の神の理解は、聖書の神とは異なり、その結果、偶像礼拝に陥ることになります。ハルバータル／マルガリートの第二、四、五、六章を参照。新約聖書には、なぜ神が神に似せた物理的な何かをつくることを禁じるのか（出エジプト20・4）が説明されています。なぜならすでに神がそのイメージであるイエス・キリストを送ったからだというものです。イエスは文字どおり「見えない神のかたち（icon、アイコン）」（コロサイ1・15）だからです。

112 この段落は Thomas Oden, *Two Worlds* の第六章からの要約です。

113 David Clarkson, "Soul Idolatry Excludes Men from Heaven," in *The Practical Works of David Clarkson*, Volume II (Edinburgh: James Nichol, 1865), pp. 299ff. 参照。

114 Clarkson, p. 311.

115 ローマ1・21～25について、注解者ダグラス・モーはこう書いています。「あるパラダイムを示す形で〔パウロは〕、すべての人が自ら所有する神の知識を使って自分自身の神々をつくり出してしまうという堕落した性癖を描写した。この悲劇的な『神をつくりだす』プロセスは、現代の私たちの時代にも脈々と息

116

づいている。だから24~31節が示すように、人間性を悩ます恐ろしいばかりの罪の盛大な儀式は、この偶像礼拝という土壌に深く根を下ろしている」。Douglas J. Moo, *The Epistle to the Romans* (Grand Rapids, Mich.: Eerdmans, 1996), p. 110 参照。

「さて、日ごろ神を信頼せず、その行ういっさいの行い、また苦しみ悩み、あるいは生と死において、神の恩恵、愛顧、好意を期待せず、かえってそれらのものを、神以外の事物、もしくは自分自身のもとに求める者すべて、この戒めを守るものでなく、たといその他の戒めの行いはことごとくこれを実行し、その上あらゆる聖徒たちの祈禱や断食、服従や忍耐、貞潔や純潔などを山ほど取り揃えて持っていても、実際まぎれもない偶像崇拝を行っているのだということは、おのずから明らかであろう。……ところが、もし私たちがそのことを疑ったり、あるいは神が私たちに対して恵みをたれ、私たちに好意を持ってくださることを信じなかったり、あるいは、何より先に行いにより、行いを行ったあとで神の御心を得ようという不遜な態度に出るならば、それは全くの欺瞞であって、外側で神を敬いつつ、内側では自分自身を偶像に仕立てているのである」(マルチン・ルター『ルター著作選集』〔ルーテル学院大学/日本ルーテル神学校、ルター研究所編、教文館、二〇〇五年〕「善い行いについて」からの抜粋。一三九、一四一頁)

117

すべての罪の背後に偶像礼拝を見た偉大な神学者はルターだけではありません。アウグスチヌスもこう書いています。「罪は、さして必要のないもののために、くどくどとした祈りがささげられる中で、私たち自身が最善で最高のもの、つまり主であり神であるあなたを、またあなたの真理と戒めを捨てる時に犯される」。John K. Ryan, ed., *The Confessions of St. Augustine* (Doubleday, 1960) p. 71 参照。ほかに、John Calvin, *The Institutes of the Christian Religion*, ed. J. T. McNeil (Westminster, 1961) I.II.8 and 3.3.12, Jonathan Edwards, *The*

Nature of True Virtue 参照。特に後者は偶像礼拝、つまり神を完璧に愛せないことが、人間が徳のある人生を送れない根源だと見ています。

118 「固定化された視覚的認識の連想から引き出される共有の価値観は、人々の中にある種の共有の感受性を創り出す。……『汝彼らの慣例に従うことなかれ』という戒律は、生活様式と儀式と信仰の複雑な織りを反映しているのである。……偶像崇拝の範疇には、偶像崇拝が発展した文化批評が含まれているからである」(ハルバータル/マルガリート、六頁)

119 偶像の分類について以下に記します。私たち自身の偶像礼拝についてより広く理解するための助けになると思います。

神学的偶像――教理的誤りは歪んだ神像を生み、その結果、偽りの神を礼拝する。

性的偶像――ポルノグラフィーやフェティシズムなど親密感や受容を約束するかのように見えるものへの依存、外見的な美への愛や理想を自分あるいはパートナーに求める、ロマンチックな理想主義。

魔術的/儀式的偶像――魔術やオカルト。すべての偶像は卓越した現実の秩序に愛と知恵をもって従おうとするよりも、それに反抗しようとする魔法といった形をとる。

政治的/経済的偶像――左派、右派、リバタリアンなど政治秩序の一側面を絶対化あるいは唯一の解決法とするイデオロギーの数々。例えば自由市場を神格化、あるいは悪の権化とする見方。

人種的/国家的偶像――人種差別主義、軍国主義、国粋主義、民族的プライドが圧力を受けて苦々しさに変貌したもの。

人間関係的偶像――共依存の関係にある機能不全家族システム、「危険な情事」、子どもに自分の夢を託す関係。

宗教的偶像――道徳主義、律法主義。成功と才能への偶像礼拝。パワーハラスメントの口実としての宗教。

哲学的偶像――被造物（罪ではなく）を人生の問題だとし、また人間が作り出したもの、機関をその問題への解決（神の恵みではなく）とする思考システム。

文化的偶像――急進的な個人主義。西欧諸国に見られる、共同体を犠牲にしてでも個人の幸福を優先し偶像化する考え。逆に家族、部族を個人の権利よりも優先させ偶像化する恥の文化。

「根深い偶像」――何かを絶対化する動機と衝動と傾向。(A)権力の偶像「他者に権力と影響力をもってこそ、生きる意味と価値がある」、(B)承認の偶像「――に愛され尊敬されてこそ、生きる意味と価値がある」、(C)慰めの偶像「快適で一定の質の経験ができてこそ、生きる意味と価値がある」、(D)支配の偶像「この分野を極めてこそ、生きる意味と価値がある」

120　これは大主教の言葉として広く知られているものですが、私自身はこの言葉の明確な情報源をつきとめることができませんでした。もしかしたら彼の言葉の要約かもしれません。

121　聖書によるとすべての偶像礼拝者はもっと自由と支配を得ようと偽りの神々に向かうのですが、結局さらに不自由になり、支配されるという奴隷状態におちいります。本当の神よりも、セックス、金、権力を追い求めることが自由への第一歩だと考えるのですが、究極的にはそれらの奴隷になってしまうのです。偶像を結婚のメタファーに置き換えてエレミヤ2章とエゼキエル16章はこう示しています。本当の伴侶を捨てて愛人に走るとき、霊的なセックス依存症に陥るのだと。「あなたは言う。『あきらめられません。私は他国の男たちが好きです。それについて行きたいのです』と」（エレミヤ２・25）。「実に、あなたは昔から自分のくびきを砕き、自分のなわめを断ち切って、『私は逃げ出さない』と言いながら、すべての高い丘の上や、すべての青々とした木の下で、寝そべって淫行を行っている」（エレミヤ２・20）

122 David Powlison, "Idols of the Heart and Vanity Fair," *The Journal of Biblical Counseling*, Volume 13, Number 2 (Winter 1995).

123 手始めに助けになる参考書は Kenneth Boa, *Conformed to His Image* (Grand Rapids, Mich: Zondervan, 2001) です。また霊的訓練の入門書として重要な本に、Edmund P. Clowney, *CM: Christian Meditation* (Vancouver, B.C.: Regent, 1979) もあげられます。クラウニーは東洋神秘主義の瞑想と伝統的キリスト教の黙想との重要な相違を示しています。

124 John Newton, *Works of John Newton*, Volume VI (Edinburgh, UK and Carlisle, Pa.: Banner of Truth reprint), p. 45 参照。

ティモシー・ケラー（Timothy Keller）

ペンシルベニア州生まれ、バックネル大学、ゴードンコーンウェル神学校、ウェストミンスター神学校で学んだのち、バージニア州ホープウェルの教会で牧会。

1989年にニューヨーク、マンハッタンで、妻キャシー、３人の息子たちと、リディーマー長老教会を開拓。

現在同教会は、礼拝が５回行われ、のべ出席者数は約６千人。ニューヨーク近辺のみならず世界各地での都市開拓伝道を支援している。

廣橋麻子（ひろはし・あさこ）

国際基督教大学教養学部卒業、同大学院修了（行政学修士）。日本長老教会おゆみ野キリスト教会所属。

訳書に『ジーザスバイブルストーリー　旧新約聖書のお話』『あの説教いつ終わるの』『愛されている　神さまに』『しあわせってなあに？』『しゅはわたしのひつじかい』『「放蕩」する神』『結婚の意味』『イエスに出会うということ』（以上いのちのことば社）、『二人が一つへ』（ファミリーライフジャパン）などがある。

偽りの神々
——かなわない夢と唯一の希望

2013年1月1日発行
2022年1月20日4刷

著　者　ティモシー・ケラー
訳　者　廣橋麻子
印刷製本　モリモト印刷株式会社
発　行　いのちのことば社
〒164-0001 東京都中野区中野2-1-5
電話 03-5341-6923（編集）
03-5341-6920（営業）
FAX 03-5341-6921
e-mail:support@wlpm.or.jp
http://www.wlpm.or.jp/

Printed in Japan　乱丁落丁はお取り替えします
ISBN 978-4-264-03402-5